根

粤港澳大湾区家文化的共识与传承

王立刚◎著

广州新华出版发行集团
广州出版社

图书在版编目（CIP）数据

根：粤港澳大湾区家文化的共识与传承 / 王立刚著 . —广州：广州出版社，2021.12

ISBN 978-7-5462-3233-1

Ⅰ . ①根…　Ⅱ . ①王…　Ⅲ . ①家庭文化—文化研究—广东、香港、澳门　Ⅳ . ① D669.1

中国版本图书馆 CIP 数据核字（2021）第 063050 号

书　　名　根：粤港澳大湾区家文化的共识与传承
　　　　　Gen：Yuegang'ao Dawanqu Jiawenhua de Gongshi yu Chuancheng
著　　者　王立刚
出版发行　广州出版社
　　　　　（地址：广州市天河区天润路 87 号广建大厦 9、10 楼
　　　　　邮政编码：510635　网址：www.gzcbs.com.cn）
责任编辑　司丽丽
责任校对　何　旻
印刷单位　三河市祥达印刷包装有限公司
　　　　　（地址：三河市杨庄镇杨庄村　邮政编码：065200）
规　　格　880 mm × 1230 mm
开　　本　1/32
印　　张　6.75
字　　数　200 千
版　　次　2021 年 12 月第 1 版
印　　次　2021 年 12 月第 1 次
书　　号　ISBN 978-7-5462-3233-1
定　　价　48.00 元

发行专线：（020）38903520　38903521

序

立刚的这本书完成后，让我写一篇序冠于卷首，我欣然应允。他这几年著作不断出版，论文一篇又一篇面世，看到他学业上的进步，我打心里高兴，有必要借此鼓励他一番。对于他的托付，我理当接受。

立刚在2012年考入我的门下，攻读教育史专业的博士学位。此后8年的相处，我对立刚有了较全面和深入的了解：他是一个真正热爱读书、热爱写作的人，学术视野开阔，知识结构全面，尤其是学博识敏、勤思善断，有很好的科研素养。我也不断以自己的教训，鼓励他摒绝其他所好，专注于学术，认为以他的勤奋和天分，最终定有所成。他毕业工作之后，我每次遇到他，问起他在做什么，他都是回答说在写东西，这令我欣慰。今年疫情期间，大家都在家中，无法出门，很多学人闭门读书，潜心写作。正是在这段时间，立刚完成了《根：粤港澳大湾区家文化的共识与传承》这本书。

家族在中国社会中所起的作用是那么深广和明显，以至于几乎所有研究中国社会的人，都把这一问题作为第一主题。不同学科的学者，尽管所受的学术训练有别，考察问题的角度和方法各异，但都殊途同归地注意到了家族制度在中国历史上和社会生活中所起的作用。很多学者都认为传统的中国社会是一个“家族结构式的社会”，家或家族是中国传统社会里最具自主性和充满活力且“无所不能”的一个组织。家族文化及其酿造的基本精神，是中国传统文化的固有成分，是中国社会区别于其他社会的基本特征之一。

由于我国南方的家族传统保存得比北方要好一些，保存的历史资料也更多一些，因而对传统家族制度和家族文化的研究，也主要集中在这一区域。立刚的这本书也以此为研究对象，为这一学术领域的积累，添了一块砖，加了一片瓦。

在与立刚的交流中，我了解到，广州出版社与他正在筹划继续编写一套规模更大的《古代家庭文化研究丛书》，以从不同角度完整地呈现我国古代家庭文化、家庭教育的样貌，揭示家庭文化、家庭教育对中国社会的作用和影响。

传统家族制度和家庭文化，是一个值得进行更多研究的领域。祝福立刚在未来能有更多、更好的成果。

徐　梓

北京师范大学国学经典教育研究中心

2021年10月

目 录

第一章 迁徙与聚集

1. 聚合与播迁

南迁

北宋哲宗元符二年（1099年），一个叫吕仲兴的中年人陪伴他的父亲吕希绩，从他们居住的湖北随州赶往广东。他们从湖北顺着长江走水路向东，进入江西，到了鄱阳湖的湖口之后，再向南，沿着赣江溯江而上，到了赣南山区，无法再乘船，只好下船走陆路。

自从出发以来，经过几个月的艰苦跋涉，一行几人终于跨过了广东北部与江西之间的崇山峻岭，翻越了隔绝南北的南岭山脉，走到了广东南雄县凌江旁边的沙水村，接下来的路程又可以乘船了，会平稳、舒适很多。可是，在交通落后的年代，年龄已经很大的吕希绩却渐渐坚持不住了。

这一天，在连续跋山涉水、舟车劳顿之后，吕希绩一病不起，就在沙水村去世了。吕仲兴无力运回父亲的灵柩，只好在村里找了一块地方，草草掩埋了父亲，并且暂时在这里住了下来。

吕仲兴与他的父亲此次南下广东，与他家族长辈们之前的政治活动有很大的关系。吕仲兴父亲去世的这一年正处于宋哲宗后期。在那时候，吕氏家族是一个很大的家族，吕仲兴的很多长辈曾在朝廷担任要职，比如他的曾祖父吕夷简在更早时候，也就是在宋仁宗时期，曾担任宰相。吕夷简的叔叔吕蒙正，是宋太宗时期的宰相。吕蒙正有七个儿子，他们虽然没有像吕蒙正那样担任宰相，也大都是朝廷中的官员。吕夷简生了四个儿子，第三子吕公著便是吕仲兴的祖父，他曾在宋神宗、宋哲宗时期担任宰相，与司马光的关系很好。可以看到，吕仲兴的祖上曾连续几代人都在朝廷担任宰相。

吕蒙正像

宋神宗熙宁（1068—1077）年间，北宋进行王安石变法，史称“熙宁变法”。这是历史教科书中常常提及的大事。对于变法，朝廷内部因为看法不同，形成了不同的派别，支持变法的人称为“新党”，而司马光、吕公著等人一直坚持反对变法，被称为“旧党”。

后来，宋哲宗即位，初期因为年龄太小，由太皇太后执政，太皇太后不太主张变法，司马光、吕公著这些反对变法的“旧党”再次担任宰相。后来，宋哲宗开始亲政，又起用曾经支持王安石变法的“新党”。此时，王安石与司马光都已经去世了，可是“新党”与“旧党”交争却并未停止。

在“新党”占据朝廷主要位置的时期，主政者甚至专门拟出了一份“旧党”名单，还把名单刻成石碑，加以确认，这些在石碑上刻有名字的人被称为“元祐党人”，吕氏家族有多人上榜。

其中，吕仲兴的父亲只是一个普通的地方官，虽然没有上榜，但是也受到了牵连，被贬职到了岭南。吕仲兴考虑到父亲年岁渐大，一路上需要照顾，便随着父亲到岭南就任，不想路途艰辛，父亲竟然去世了。

在南雄的沙水村，吕仲兴没敢久留，很快就离开了这里。不过，他并没有向北再回到北方的老家，而是继续向南，沿着珠江的支流北江南下，前往广州生活，并且一度改名为“吕惟通”，以避人耳目。

宋代皇帝在位时间表

北宋		
庙 号	姓 名	时 间
宋太祖	赵匡胤	960—976
宋太宗	赵匡义	976—997
宋真宗	赵恒	997—1022
宋仁宗	赵祯	1022—1063
宋英宗	赵曙	1063—1067
宋神宗	赵顼	1067—1085
宋哲宗	赵煦	1085—1100

续表

北宋		
宋徽宗	赵佶	1100—1125
宋钦宗	赵桓	1125—1127
南宋		
宋高宗	赵构	1127—1162
宋孝宗	赵昚	1162—1189
宋光宗	赵惇	1189—1194
宋宁宗	赵扩	1194—1224
宋理宗	赵昀	1224—1264
宋度宗	赵禥	1264—1274
宋恭帝	赵㬎	1274—1276
宋端宗	赵昰	1276—1278
宋怀宗（追谥）	赵昺	1278—1279

家族的绵延

吕仲兴作为一个大家族的后代，早年也曾考中了进士，后来也在做官。在后人编写的《吕氏族谱》中，吕仲兴甚至官至广州刺史。宋代的官制很复杂，正式的职务在当时不是称为“刺史”，这里说的“刺史”，在宋代应该称为“知广州事”。在宋代，类似于今天省级的行政区称为“路”，那时候的广东叫作“广南东路”，“路”之下设立“府”“州”“军”，相当于现在的地级市，再之下则是“县”。吕仲兴担任“知广州事”，相当于广东的高官了。

吕仲兴是第一个在广东长期生活的吕氏家族成员，所以他被广东吕氏家族奉为“始迁一世祖”。不过，吕仲兴来到广东时可能已经三四十岁了，不是那种从小在岭南长大的人，到了他的儿子吕伯假这一代，就开始成为在岭南长大、土生土长的岭南人了。宋徽宗宣和元年（1119年），吕伯假娶了广州城内一吴姓家的女儿为妻，定居在广州城里的驷马巷。再后来，广州的吕氏家族便在这里开枝散叶，人口越来越多了。

吕伯假生了三个儿子，这是那时候广州吕氏家族的第三代，分别叫吕世安、吕世贤、吕世斌。他们三人遵守父亲的教导，不贪图广州的繁华，分别迁居到了附近各地的乡下居住。其中，老大吕世安迁居到了南海县的乡下，娶了南海本地康氏家族的女儿为妻，生有一个儿子吕少望。老二吕世贤迁居到了新会县的乡下居住，由于文献缺失，不甚清楚这一支后来的情况。老三吕世斌迁居到了附近鹤山乡下居住，娶了当地张氏家族的女儿为妻，生有三个儿子，分别是吕文韬、吕文祚、吕文佐。后来，吕世斌在宋高宗绍兴九年（1139年），又迁居到南海县的沙丸堡大冲乡。

到了广州吕氏家族的第四代这一辈，至少有四个人了，而第五代这一辈，人数扩大到了将近二十个。在广州吕氏家族后来的发展过程中，也有不同人迁居各地，逐渐分散到广州附近的其他地区居住，限于篇幅，不再一一赘述。

吕氏家族的南迁，以及在广东定居、绵延的过程，是当时最普遍的人口南迁模式。从吕希绩，到吕仲兴，再到吕伯假，吕氏家族从北方向岭南迁徙的过程充满了无奈。不过，在经过几代人的绵延之后，家族成员改变了最初将岭南视为畏途的看法，逐渐将岭南视为家乡了。

2. 古今绵延

人口从北方向南迁居，对于生活在粤港澳地区的许多家庭来说，经历了一代代人的前赴后继，而在更长的时间段内，在中国历史发展的过程中，南迁也有着前后相继的时间绵延。

从两千多年前的秦汉时期开始，岭南地区一直被视为“烟瘴之地”。北方的中原人不适应这里的气候和水土，认为这里充满了“瘴疠”，也就是后来人说的疟疾。吕仲兴的父亲很有可能正是因此而失去了生命。即使这样，却仍有许多人不断从北方南下，进入岭南。

在吕仲兴跟随父亲吕希绩南行的路上，曾经有很多前人留下脚步。从吕仲兴踏上前往岭南的道路向前推300年，唐代的韩愈也曾多次来到岭南。

唐代宗大历十二年（777年），年仅9岁的韩愈曾随他的哥哥韩会，从湖南前往广东。韩愈3岁时，父亲便去世了，他一直跟着哥哥长大。这一年，本来在朝廷中做官的韩会被贬到岭南担任韶州（今广东省韶关市）刺史，韩愈也一同前往。

韩愈像

到韶州后不久，韩会便在这里病逝了。后来，韩愈在《祭十二郎文》中写道：“吾少孤，及长，不省所怙，惟兄嫂是依。中年兄殁南方，吾与汝俱幼，从嫂归葬河阳。”这段话说“兄殁南方”便是指当时他哥哥在广东去世的经历，“十二郎”即韩愈的侄子，也就是韩会的儿子。

到了唐顺宗贞元十八年（802年），韩愈自己也被贬职为连州阳山县（今广东省清远市阳山县）县令，第二年得到平反，返回京城。十几年之后，唐宪宗元和十四年（819年），已经51岁的韩愈再一次被贬到岭南，担任潮州刺史。这一次，他的心情更差，在朝廷的催促下，他只好仓促离开京城，来到蓝田县，他的侄孙韩湘前来跟随他，于是韩愈写下了《左迁至蓝关示侄孙湘》：

> 一封朝奏九重天，夕贬潮州路八千。
> 欲为圣明除弊事，肯将衰朽惜残年！
> 云横秦岭家何在？雪拥蓝关马不前。
> 知汝远来应有意，好收吾骨瘴江边。

这时候，韩愈心中充满了怨气，所以对岭南也没有好感，甚至觉得自己也会像哥哥一样死在岭南。

潮州比他哥哥担任刺史的韶州还要远。走到韶州时，韩愈又写下了一首诗《过始兴江口感怀》，怀念幼时的经历：

> 忆作儿童随伯氏，南来今只一身存。
> 目前百口还相逐，旧事无人可共论。

不过，韩愈来到岭南后，将中原文化也带了过来，对岭南的开发做出了贡献。

在韩愈之后，唐宣宗大中二年（848年），曾经担任过宰相的李德裕也被贬为潮州参军。李德裕被贬时的年龄和吕希绩被贬的年龄差不多，都接近60岁了。李德裕辛苦翻越南岭，来到广东。从李德裕留下的《谪岭南道中作》中，能看出他当时的心情：

岭水争分路转迷，桄榔椰叶暗蛮溪。
愁冲毒雾逢蛇草，畏落沙虫避燕泥。
五月畬（shē）田收火米，三更津吏报潮鸡。
不堪肠断思乡处，红槿花中越鸟啼。

桄榔是一种乔木。畬田是用火烧掉田地里的草木，然后耕田种植。火米是岭南特有的一种米。津吏是管理摆渡的人。潮鸡是岭南地区一种在涨潮时便会鸣叫的鸡。

历尽艰苦，李德裕终于来到了潮州，不过却又得到消息，继续被贬职到当时的崖州，即现在的海南。最后，李德裕没能再回到北方，病逝在了崖州。

到了宋代，就在吕希绩被贬往岭南的前几年，著名文学家苏轼也因为属于“元祐党人”，被贬职到惠州。此时苏轼已经快60岁了，不过在随后来到惠州生活的3年里，他仍乐观地安慰自己，留下了脍炙人口的诗歌《食荔枝》（又名《惠州一绝》）：“罗浮山下四时春，卢橘杨梅次第新。日啖荔枝三百颗，不辞长作岭南人。”

苏轼还有一首与岭南有关的词《定风波》，描写他在这里的感受，这首词的创作时间可能比较早，那时候苏轼还没有去过岭南。苏轼有一个朋友叫王巩，早年被贬职到岭南，王巩身边有

苏轼像

一个叫寓娘的歌女也跟随着他来到岭南。后来，他们又回到了北方，与苏轼见面后，苏轼便问起岭南风土如何，寓娘回答说："此心安处，便是吾乡。"苏轼听了深受触动，便写下了这首词：

常羡人间琢玉郎，天教分付点酥娘。自作清歌传皓齿，风起，雪飞炎海变清凉。

万里归来年愈少。微笑，笑时犹带岭梅香。试问岭南应不好？却道，此心安处是吾乡。

这首词的大意是说：常羡慕人间有一种像玉一样的男子，就连上天都会给他一个聪明美丽的女子做伴。听到清澈的歌声从这样的女子口中传出，就像是炎热夏天里开始飞起白雪，顷刻就变得清凉起来。如今，她从遥远的地方回来，更显年轻了，笑容里仿佛还留有经过梅岭时带走的清香。试着问她："岭南那地方是不是不太好？"她说："此心安处，便是家乡。"

3. 迁徙的通道

苏轼在《定风波》里说的"梅岭"位于南雄县北部，也是吕仲兴父子南行之路上经过的最重要关口。在当时，这条路是北方人南下广东的最重要通道之一。

从地图上看，广东北部自东向西分别与福建、江西、湖南、广西为邻。不过，险要的南岭山脉把广东与广东之外的北部地区分隔开来，造成了广东与周围的地理隔绝。南岭一共分为五个部分，自东向西分别是：广东与江西之间的大庾岭，广东与湖南之间的骑田岭，湖南与广西之间的萌渚岭、都庞岭、越城岭，统称为“五岭”。毛泽东写过律诗《长征》，开篇“五岭逶迤腾细浪”说的便是这里，这里是红军长征曾经走过的地方。

自古以来，南岭也是隔绝南北的重要交通障碍。早在秦代，当时的军队为了打通南岭通道，用几年时间开凿了著名的灵渠，将湖南的湘江水系与岭南地区的珠江水系用一条运河连接在一起，方便舟船通过水路进入南岭。不过，通过这条水路连接的是湖南与广西，要沿着这条路进入广东，要先向西进入广西，再从广西折回来，进入广东，有些绕远。具体来说，在古代，广东与周围几个省之间，分别形成了几条向外的通道。

广东与福建：从广州向东，沿水路经过梅州，可以到达潮州；经陆路，通过海陆丰、潮阳，也可以到达潮州；再从潮州向东，可以进入福建，然后翻越武夷山进入江西，北通中原。

广东与江西：从广州沿北江的水道向北，经过南雄，然后从陆路翻越大庾岭，到江西，再沿赣江北上，到达长江，北进中原。

广东与湖南：从广州向北，主要从陆路经过清远的连州，翻越骑田岭，进入湖南，沿陆路到达郴州，然后向北沿着湘江，经长沙、岳阳进入中原。

广东与广西：从广州沿西江溯江而上，可以直接进入广西，由广西经过湘桂通道，北连中原。

在这几条通道中，北入湖南的通道无法有效利用水路，陆路部分比重太多；而从广州到南雄，翻越大庾岭的通道能够更充分地利用水路，只有在南雄北部到江西大庾县的梅岭一带需要走陆路，所以，大庾岭通道在唐代以后逐渐成为出入广东的最重要通道了。南来北往的商人、从北方南下的人们，大都选择走大庾岭这条路。

对于古人来说，陆路十分辛苦，选择步行比较劳累，选择乘马车则费用太高，又十分颠簸；而水路可以乘船，价格低廉、平稳舒适，所以从苏轼的朋友王巩一行人，到苏轼，到吕仲兴和他的父亲，都是从这条路南下。

因为从江西到广东的这条路上，只有大庾岭一段地势险要，通行不便，所以，位于大庾岭南麓的南雄县地理价值逐渐凸显，被认为“居五岭之首，为江广之冲”“枕楚跨粤，为南北咽喉”。其实，早在公元前213年，秦军在向南征伐的过程中便注意到了大庾岭通道，当时的军队沿着大庾岭中比较低矮的一处山路修筑了一个通道，并在地势险要的梅岭修建了一座城池，成为一处关隘，称为“横浦关”。在此之后，梅岭开始成为大庾岭通道上最具标志性的地点。

不过秦代修建的这条路十分狭窄，不方便车马通行。到了唐代，由张九龄主持，在原来秦代修建的“横浦关”东侧找到了一条更合适的通道。新的通道修成之后，变得“坦坦而方五轨，阗阗（tián tián，众多）而走四通，转输以之化劳，高深为之失险”。

在此之后，人们把新开拓的道路称为“梅关”，把秦代修建的“横浦关”称为“秦关”或者“小梅关”。到了北宋淳熙（1174—

1189）年间，当地官员派人在大庾岭上种植了很多红梅，让“梅岭”这个名称变得更加名实相副。

梅岭所在地，是我国亚热带气候和热带气候的分界带，所以梅岭南北气候差别很大，古人甚至有“南枝花落，北枝始开”的说法。

从北方翻越梅岭之后向南，便进入了气候炎热的岭南地区。到了南宋时期，位于梅岭与南雄县之间的珠玑巷开始成为一处重要的市镇。在那时候，“由中原入广东必以珠玑巷停驿”。从北方来的人们翻越梅岭之后，终于开始进入岭南地区，会选择在这里歇一歇脚。本来，珠玑巷也是往来南北的商品集散地，很多人看到这里繁华热闹，于是便会在这里暂住一段时间，甚至定居下来做点生意，待逐渐适应了岭南地区的生活后，再做下一步的打算。

慢慢地，珠玑巷成了很多南迁家族进入广东之初的停留地。从很多族谱中可以看到，许许多多的家族都留下了对珠玑巷的记忆。广东的珠玑巷，就像山西洪洞的大槐树一样，成为中国家族迁移史上的重要地理节点，千百年来也承载着无数中国人对家族历史的回忆。

清代出版的《广东文选》，其中选录了唐代张九龄的《开凿大庾岭路记》，提道：

> 初，岭东废路，人苦峻极，行径寅（yín）缘数里，重林之表，飞梁嶫（yè）峨，千丈层崖之半，颠跻（jī）用惕，渐绝其元。故以载则曾不容轨，以运则负之以背。
>
> 注释：
>
> 寅缘：攀缘。嶫：高大险峻。颠：跌倒。跻：登上。惕：

惧。元：通“原”，指旧路。

这段话描写的是唐代张九龄修建新通道之前的梅岭道路。最初，秦代开通岭东的旧路，行人都因为其过于险峻而吃了很多苦。人们走在路上，连续好几里地需要像猴子一样抓着树枝攀缘而过，像是置身于茂密的森林之中。还要翻过高大险峻的山崖，重重山崖无穷无尽，走过之时，生怕会跌倒掉入山崖之下。于是，这条旧路行人渐少。用这样的路来运输物资，连一辆车都容不下，只能靠人来背负。

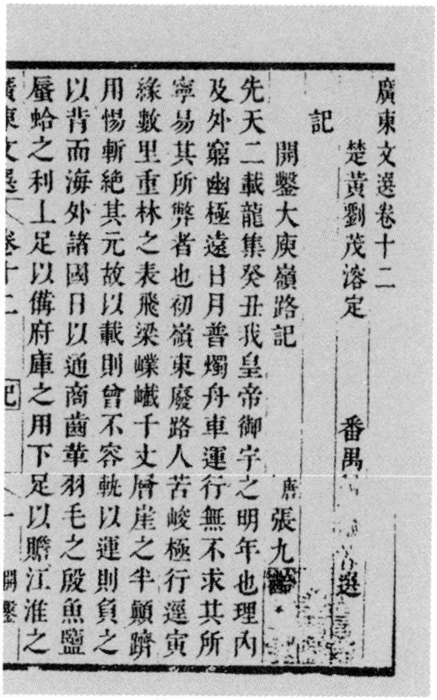

廣東文選卷十二

楚黄劉茂溶定　番禺 … 選

記

開鑿大庾嶺路記　唐　張九齡

先天二載龍集癸丑我皇帝御宇之明年也理內及外窮幽極遠日月普燭舟車運行無不求其所寧易其所弊者也初嶺東廢路人苦峻極行逕寅緣數里重林之表飛梁嶫巘千丈層崖之半顛躋用惕慚絕其元故以載則曾不容軌以運則負之以背而海外諸國日以通商齒革羽毛之殷魚鹽蜃蛤之利上足以備府庫之用下足以贍江淮之

廣東文選〔卷十二　記〕開鑿

清代出版的《广东文选》

4. 港澳家族过往

我国香港和澳门分别位于珠江口的东西两侧，早在几千年前，这里就有中国人祖先的活动。如今，香港和澳门分别有700多万和60多万人。与广东省各地相比，港澳两地更具移民性质，这些人大部分都是近代以后从我国内地迁徙去的。

在历史上，一批批中国人从内地来到香港、澳门，并在这里扎根，构成了今天香港和澳门人口的主要组成部分。近代之前，迁入香港的主要是客家人，早期迁入的称为“旧客”，晚期迁入的称为“新客”。在明清以前，香港一直是广东的一部分。秦汉时实行郡县制，这里属于南海郡；到了魏晋南北朝时期，这里属于宝安县；在唐代，这里属于东莞县。到了明代万历（1573—1620）年间，当时的朝廷认为东莞县的范围太大，所以在东莞的南侧分出一块地方，设置了新安县。在此之后的一百多年，香港一直属于新安县管辖。

早期迁入香港的人大部分从事务农的工作。虽然香港地区山地多平地少，但是因为离海较近，所以开发得晚，在明清时期人口不多。早期的农村大都分布于新界地区，往往一个家族的人便居住在一起，形成一个村落。

现在，香港地区的一些家族仍旧保留着以前的族谱，记录了祖先从内地迁徙的过程，比如香港荃湾区老围村《张氏族谱》中提道：“老围村张姓始祖叫作‘子贵公’，是康熙、雍正年间从广东惠阳井龙镇（镇隆镇）三栋村搬到浅湾（今新界荃湾）居住的。”

还有的族谱，甚至从先秦时期本姓的第一代人开始讲起，一直写到今天。比如香港新界沙头角《吴氏族谱》对于祖先的记录，从战国时期的吴国开始说起。族谱认为，到了第88代人，家族成员从广东惠州迁入香港：“八十八世祖尚儒公，妣江氏，生一子希贤。公由惠州博罗，迁居宝安沙头角沙栏下为始祖。公与江氏妣，同葬榕树澳三角咀，向癸坐丁。……九十五世祖考子容公，妣李氏，李秀才之女。生二子，长奕亮，次奕深。公一生朴实，寒苦起家。由沙头角担水坑，迁居元朗八乡大光埔，因居住不合，再迁丹竹坑。”

明清时期，香港地区也有很多人在从事盐业生产，官富寨盐场是广东的重要盐场之一，新安县在官富寨设置了“官富巡检司”，派兵驻守，保护盐场。

在鸦片战争之前，香港和澳门的人口只有一两万，后来，随着香港开埠通商，商业地位凸显，香港开发的步伐越来越快，这里的工种也越来越多，需要的人力也越来越多样，香港和澳门的人口开始飞速增长。

那时，梅州市五华县有几万人到香港从事石匠工作，甚至专门出现了几个石匠村落。香港开发之初，大量建设基础设施，凿山开路是最重要的途径。比如五华县文葵镇文葵村一位名叫古连的人，本来在五华县一边种田，一边做一点竹器，好养家糊口。后来，他岳父资助他来到香港深水埗（bù）长沙湾的一处石厂做工，在那里，他逐渐学会了石匠的技能，成为一名小有影响力的人①。

相对来说，澳门在以前的重要性不如香港。澳门曾经只是一个小渔村，在葡萄牙人到来之前，一些中国渔民住在这里，从事捕捞工作，也在附近开垦土地，从事耕种。南宋末年，十几万南宋大军一直向南退却到珠江三角洲入海处，战败之后，很多人向不同方向四散奔逃，散居在附近，其中一部分人便留在澳门。

到了明代，中国政府应葡萄牙的请求，选择了澳门作为商贸地点，于是澳门及附近地区开始变得热闹起来。明代嘉靖三十六年（1557年），在葡萄牙人申请之后，明政府允许从事商业活动

---

①选自中国人民政治协商会议广东省梅州市委员会学习文史委员会编《梅州文史》第十六辑，2003年4月。

的葡萄牙人居住在澳门地区。到了清代雍正二年（1724年），据当时的两广总督向朝廷提交的奏折显示，澳门地区共有西洋人3567人①。

鸦片战争前夕，林则徐受命担任钦差大臣，到达广东的第二年，也就是道光十八年（1838年），林则徐向朝廷提交了一份奏折，其中提到，截止到这一年，生活在澳门地区的外国人共计720户，5612人，中国人共计1772户，7033人②。可以看到，经过一百多年，在澳门的外国人增加了两千多人，不过此时中国人仍旧多于外国人。

虽然香港和澳门的人口主要是在近代以后才迅速增长起来的，不过，香港和澳门位于岭南地区的边缘地带，在历史上，处在北方家族南迁的最后环节。从北方南迁的家族先是迁徙到广东，其中一部分人再进入香港、澳门。与广东相比，香港和澳门的人口迁徙更加具有“聚合性”，也就是往往是整个家族，或者一个小的团体集体迁徙过来，在迁入香港和澳门之后，仍说着之前的方言，维持着之前的集体，他们一方面为香港和澳门的建设做出了贡献，一方面也不断传承和创新着中华文化。

5. 海外的传播

在粤港澳地区的家族发展历史上，先辈们迁徙的步伐并未在

---

①选自中国第一历史档案馆等编《明清时期澳门问题档案文献汇编》（一）档案卷，北京：人民出版社，1999年。

②选自（清）林则徐《林文忠公政书》《使粤奏稿》6卷，北京：中国书店，1991年。

岭南就此停止，北方南下的人们不仅在广东各地开枝散叶，而且以这里为基地，将步伐迈向更为广阔的世界舞台。

清代乾隆十年（1745年），一位叫作张理的梅州人，带领他的同乡邱兆祥和另一位叫马福春的福建人，乘坐帆船，来到了一个荒凉小岛槟榔屿上，开启了开发槟榔屿的步伐。槟榔屿，位于今天马来西亚的西部，紧邻着马来半岛的西北侧海岸。

来到这个位于印度洋上的小岛之后，他们三人按照中国文化结拜为兄弟，分散到不同地方谋生，偶尔会面，逐渐在当地站稳了脚跟。在他们的带动之下，梅州张氏家族不断有人来到这里谋生，同时，也有其他各地的华人来到这里，到了清代末年，华人已经成为这个岛屿上人口比重最大的群体。

最初，张理和他的两个兄弟对后来登岛的华人提供了很多帮助，在槟榔屿有了很高的威望。随着近代东西方通商往来不断扩大，槟榔屿成为新加坡之外最重要的港口，后来的华人一直感念最初登岛的三位先辈勇敢开拓的精神。

在清代嘉庆四年（1799年），当地华人开始倡议为这三个最初来到槟榔屿的人修建“大伯公庙”，对他们的灵位加以供奉，分别尊称张理、邱兆祥、马福春三人为大伯公、二伯公、三伯公。到了今天，“大伯公庙”已经成为当地华人的重要信仰，遇事便去“大伯公庙”祈求保佑成为一种社会习俗。

光绪（1875—1908）年间，清政府在槟榔屿设立副领事，作为驻马来西亚北部地区最高外交官员，张氏家族的后人张弼士、张煜南先后担任过这一职务，为当地华人做出了贡献，他们既是槟榔屿本地的著名实业家，也是连接中国本土与海外的重要桥梁。

光绪十七年（1891年），张煜南为大伯公庙题写楹联：

君自故乡来，魄力何雄，竟辟莽榛蕃族姓；
山随平野尽，海门不远，会看风雨起蛟龙。

光绪二十八年（1902年），张弼士以“大伯公”的名义捐款一万两白银，用于救助遭受黄河水灾的灾民。在捐助文案中称大伯公张理为“嗣伯祖父”。可以看到，张家后人也从来没有忘记对故土的热爱，也没有忘记对先辈的尊崇。

在清朝末年，“过番”已经成为广东很多地区的一种社会风气，一些地方几乎家家户户都有人在南洋。

广东，以及香港、澳门位于中国大陆的最南端，不过在历史上，这里却并不是中华文化传播的最南端，也不是中国千百个家族的前辈们迁徙的最尽头。

在中国文化体系中，岭南地区一直接受中原文化的辐射，从北方南迁而来的移民带着中原故土的文化在这里聚集，也把中原文化传播到这里，让中原文化在这里以新的方式融合发展；同时，岭南地区也是中华文化走出中国大陆，走向世界的桥头堡，是中国人向海外扩展的重要发源地。可以说，包含粤港澳在内的岭南地区既是中华文化的“辐合”之地，也是中华文化的“辐散”之地。

正是岭南地区千百个家族中的一代代先辈这种一面不忘传统，一面不断开拓进取的精神，才让中华文化之根不断生发出更加多样的果实。

第二章 源远流长

1. 孔氏家族迁入广东

在跌宕起伏的历史大潮中，有和平，也有动乱。没有哪个家族能够跳过动乱，跨过战争，越过灾害，而只享受和平与安定。在动乱与战争的年代，大部分家族对于自身过往的记录都是断断续续、残缺不全的。只有在和平时期，社会长期稳定，人们才能更好地完成家族历史的记录，完成家族文献的整理。

岭南地区有很多家族来自北方的中原地区，而且大都是在兵荒马乱的动乱年代从北方举家南下，迁居到粤港澳地区。在生产力落后的时期，人们靠着肩挑背扛，风餐露宿，才能一路平安南下。因此几乎没有哪个家族在这时候还能保存祖上留下的家族文献，哪怕是每一代人的名字也早已无从知道，但有一个家族是例外，这便是孔氏家族。

孔氏家族就是孔子的后代形成的家族，这是全世界唯一一个能够基本做到将每一位孔姓后代都纳入族谱的家族。广东也有很多孔氏家族的后代，他们是怎么迁居到广东的呢?

唐代中期的元和十二年（817年），孔子的第38代孙孔戣（kuí）出任广州刺史兼岭南节度使，他在广州做官三年。这几年，著名文学家韩愈也在广东潮州做官，是孔戣的下属。任期结束后，孔戣于元和十五年升任吏部侍郎，回到京城。长庆四年（824年），孔戣在冀州信都（今属河北省衡水市）的老家去世，享年74岁。

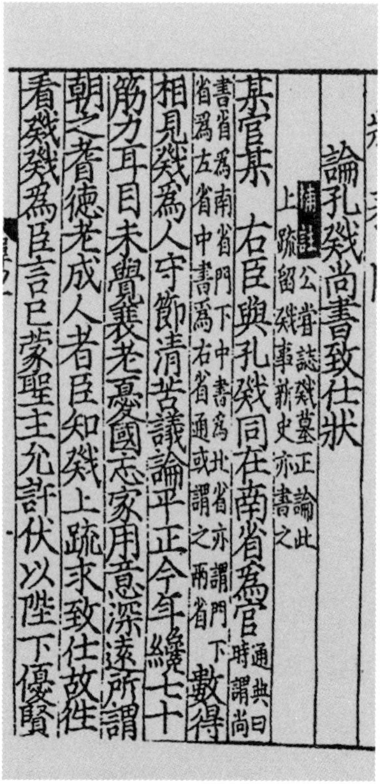
論孔戣尚書致仕狀
補註 公嘗誌戣墓正論此上疏留戣事新史亦書之
某官某 右臣與孔戣同在南省爲官 通典曰時謂尚書省爲南省門下中書爲北省亦謂門下省爲左省中書爲右省通或謂之兩省 數得
相見戣爲人守節清苦議論平正今年纔七十
筋力耳目未覺衰老憂國忘家用意深遠所謂
朝之耆德老成人者臣知戣上疏求致仕故往
看戣戣爲臣言已蒙聖主允許伏以陛下優賢

宋代出版的《昌黎先生文集》中的《论孔戣尚书致仕状》

有的文献中说孔戣在广州官任上去世，所以他的子孙便从此定居在了广州，实际上这是错误的记录。孔戣只在广州生活了三年，便回到了北方。这在作为正史的《新唐书》中有明确的记载，同时因为韩愈曾经与孔戣同期在岭南做官，孔戣去世后，韩愈还曾专门写过《唐正议大夫尚书左丞孔公（戣）墓志铭》，也是提及孔戣在北方的家中去世。韩愈在墓志铭中还提到说，孔戣在73岁这一年，因为身体衰老，向朝廷申请退休，韩愈还为此感到遗憾，并特地向朝廷写了一封奏折说：“臣与孔戣

后人绘制的孔昌弼像

同在南省，数与相见。戣为人守节清苦，论议正平。年七十，筋力耳目，未觉衰老，忧国忘家，用意至到。如戣辈，在朝不过三数人，陛下不宜苟顺其求，不留自助也。”

孔戣是孔氏家族中第一个到岭南生活的人。他有四个儿子，分别是孔温质、孔温孺、孔温宪、孔温裕（39代）。

到了第40代，世系情况是这样的：孔温质之子为孔绚、孔纶；孔温孺之子为孔维、孔绛、孔缄；孔温宪之子为孔绎、孔纯；孔温裕之子为孔纾、孔续。

在这些人中，与岭南有关系的有两支，其一为孔温宪的“南雄支”。孔温宪生活的时期，已经是唐代末年，北方连年战乱，为了躲避战乱，孔温宪便来到岭南生活了一段时间，后来又回到南岭北侧的江西省生活，他的长子孔绎早早去世，次子孔纯以及孔纯之子孔闰（第41代）一直跟随父亲在江西生活。

另一支为孔温孺之子孔维的“岭南支”。孔维之子孔昌弼（41代）生活的时期，朝政混乱，权臣朱温甚至杀害了两任皇帝，最后终于称帝，成为五代梁的第一任皇帝。相比于北方的混乱，那时候的南方相对稳定，在这种混乱时期，孔昌弼便跟随他人来到岭南定居，以躲避北方的战乱，并且再也没有回到北方。这是孔氏家族第一次有人到岭南定居，孔昌弼被岭南孔氏尊为始祖。

最初，孔昌弼从江西过大庾岭之后，进入广东，居住在南雄县。孔昌弼有三个儿子，分别是孔纂、孔荃、孔葆（42代）。孔昌弼在广州去世后，长子孔纂认为应该按照孔氏家族的一贯做法，将父亲的灵柩送回北方祖先的坟墓中埋葬，在他运送灵柩北还的过程中，走到大庾岭，发现因为兵荒马乱，这条路已经无法通行，于是只好把父亲埋葬于南雄县平林村。从此，孔氏家族在岭南地区有了坟墓，对于孔昌弼的后人来说，南雄县平林村便成为先人坟墓所在地了。

后来，到了北宋太平兴国二年（977年），孔葆之子、孔昌弼的孙子孔承休（43代）从广东北部的南雄县迁居到广州城西的彩虹桥一代居住，这是珠江三角洲地区孔氏家族的始祖。

孔承休的长子孔继明（44代），仍生活在广州；次子孔恪，迁居到惠州，为惠州孔氏家族的始祖。孔继明有3个儿子，分别是孔惟聚、孔惟翰、孔惟吉（45代）。他们生活的时期，社会安定，已经是北宋真宗（997—1022）在位时期。其中，长子孔惟聚认为有责任守护先人，所以一生都生活在广州，次子孔惟翰没有留下太多记录，三子孔惟吉迁到广东北部韶关市始兴县朱公岭居住。

孔惟聚的儿子孔圣聪（46代）继承了先人的品德，对待长辈极尽孝心，甚至过于极端，因在父亲生病时过度哀伤，随后便生病去世了。当时的社会怜惜孔圣聪的孝心，为他在粤秀山南侧建立了一个孝子庙。到了清代末年，这个庙改建为学校，也就是广东学海堂书院的一部分。

孔惟聚的另外一个儿子孔安礼（46代）有两个儿子，分别是长子孔粹、次子孔巨（47代），他们生活在宋神宗（1067—1085）后期。孔粹在广东各地担任基层官员，孔巨一直生活在广州，在南宋初年的绍兴二十九年（1160年）去世，埋葬在广州从化神岗左岭白鸽围，这处墓地至今保护完整，是孔氏家族在广州留下的遗迹。此外，岭南孔氏家族第46代的孔安诵，因为在外做官而迁居到肇庆；还有孔安愈迁居高要县，为高要孔氏家族的始祖。

孔粹之子孔元熏、孔元凯（48代）兄弟两人在南宋初年，正式从广州彩虹桥迁居到番禺沙湾小龙村一带，成为岭南孔氏家族的第一个支系，即小龙房。

由此之后，大概到明代中期，孔承休（43代）的后人逐渐分为11个支系，按照居住的村落名称，形成11房的名称，其中：

第47代孔粹的后代属于小龙房，第47代孔宣义的后代属于南村房；

第51代孔元演的后代属于叠滘（jiào）房；

第53代孔顺罗的后代属于冈房，第53代孔敬龙的后代属于伏房，第53代孔细祖的后代属于罗格房，第53代孔应祖的后代属于诜敦房；

第55代孔伯诚的后代属于孔边房，第55代孔庶璧的后代属于石碣房，第55代孔道念的后代属于上涌房，第55代孔庶保的后代属于孔村房。

清代初年，孔氏家族11房的后代一起在省城修建了至圣家庙，作为广东孔氏家族的大祠堂。这座祠堂位于珠南路新桥市附近，在康熙五十八年（1719年）、乾隆二十八年（1763年）、宣统元年（1911年）进行过三次维修，后来仍因为种种原因被破坏了，所以今天已经不复存在。不过其他地方有一些孔氏家族的祠堂留了下来。

孔氏家族的祠堂在格局上与粤港澳地区其他家族的祠堂没有太大区别，只是孔氏家族的祠堂大门外的门庭之上一般不写“孔氏祠堂”“孔氏宗祠”，而多写作“圣裔宗祠”“至圣家庙”。这些祠堂中处处显示着孔氏家族后代对于祖先的崇敬，以及作为孔氏后代的荣耀，从祠堂的对联中便可以看出。比如广州东部萝岗镇暹（xiān）岗村圣裔宗祠大殿两侧的对联：“气备四时与天地日月鬼神合其德，教垂万世继尧舜禹汤文武作之师。”南海县华平村的至圣家庙正殿两侧的对联是“道全典教学贯古今，德泽华夏功参天地”。

实际上，在古代也有可能存在从北方南迁的其他孔氏家族后代，不过这些人来到岭南之后，都将孔昌弼作为自己的祖先，将自己融入岭南孔氏家族的集体中。

石碣房族谱

2. 回溯到孔子

孔子的第38代孙孔戣是所有岭南孔氏后人的祖先，也就是说在今天，每个岭南地区孔氏家族成员的身上都有孔戣的基因，那么再往上追溯呢？我们会发现，每个人的身上又都有孔子本人的基因。

在唐代，孔戣和他的祖上几代人一直生活在冀州信都县。当时的信都县就是现在的河北省衡水市冀州市，现在的衡水市是河北省的一个地级市，而唐代的衡水是一个县。在唐代，冀州下辖几个县，其中有信都、衡水等。

孔氏家族本来生活在山东曲阜，为什么会来到这里生活呢？原来，在历史上，生活在魏晋时期的孔氏家族第22代孔扬被封为博亭侯，之后举家迁居到当时的博县，也就是现在的河北省衡水市一带。

孔戣之父为孔岑，孔子第37代孙。

孔戣的祖父为孔如圭，孔子第36代孙，曾在海州（今连云港）做官。

孔戣的曾祖父为孔务本，孔子第35代孙，曾担任沧州东光县令。

从孔务本往上的几代人现在无从知道，只知道他们都是孔扬（22代）的后代。孔扬在附近还有另外一个后代名为孔颖达。孔颖达是孔子的第32代孙，生活在唐代初年的冀州衡水县。当时的衡水，位于现在河北省衡水市的西侧，当时的衡水县与信都县是紧挨着的两个县。

孔颖达是唐代初年的著名经学家，今天的人仍能看到比较完整可靠的儒家经典，便得益于孔颖达做的文献整理和注释工作。唐代初年，百废待兴，很多典籍在南北朝的分裂与混乱中丢失了，孔颖达利用当时能看到的前人注解，对儒家经典做了系统整理，他完整地保存了汉代后期学者对儒家经典的解读，并且利用南北朝时期学者的研究成果，从唐代人的视角对儒家经典做了新的解读。孔颖达编写完成的儒家经典及解读，是唐代以前唯一完整保存下来的儒家经典和解读，是中国早期儒家经典及研究的最核心文献。

从辈分来看，孔颖达是孔务本祖父辈的人，孔务本是孔颖达的族孙。《新唐书·宰相世系表》也是这样记录的："曲阜宪公颖达族孙务本，自孔子至是三十五世。"

孔颖达的祖上已在衡水居住了十代，据《孔子世家谱》记载，孔颖达的祖上人丁并不兴旺，他这一支从孔扬（22代）到孔颖达（32代），十代人十代单传，所幸孔颖达有三个儿子，这才改变了岌岌可危的局面。

孔颖达的父亲为孔安（第31代），生活在从北魏到北齐的过渡时期，曾担任北齐青州的法曹参军，也就是青州地区司法事务官员。

孔颖达的祖父为孔硕（第30代），曾担任北魏治书侍御史南台丞，是主要负责纠察朝廷礼仪类的事务官员。

孔颖达曾祖父为孔灵龟（第29代），生活在南北朝时期的北魏，曾担任北魏的国子博士。

……

由此再向前回溯，可以一直到魏晋时期的孔扬（22代），魏是三国时期的魏，晋是司马氏创立的西晋、东晋。由孔扬再向前呢？孔扬有一个叔祖父名叫孔融。孔融便是“孔融让梨”这个故事的主角，他是生活在汉代末年的人，孔氏家族第20代。孔融在当时名重一时，遗憾的是，孔融一家被曹操所杀，所以没有后人。

孔融的父亲为孔宙（第19代），官至太山都尉，孔融的祖父为孔贤（18代）。孔贤的祖父为孔尚（16代），曾经担任巨鹿（今属于河北省中南部）太守，所以这一支才迁居到当时的巨鹿地区生活。

孔尚的祖父为孔福（14代），他是整个河北省中南部一带孔氏家族的共同祖先。孔福生活的时期是西汉晚期，他有三个兄弟，分别是孔光、孔喜、孔立，其中孔光曾经担任宰相。他们的父亲是孔霸（13代），如此，再向前，他们的祖先分别是孔延年（12代）—孔武（11代）—孔忠（10代）—孔腾（9代）—孔谦（8代）。

孔谦，字子顺（或子慎），生活在战国末期，主要活动在赵国与魏国一带，由此再向前，孔子家族连续八代单传。

孔子家族的第七代为孔穿，字子高。关于孔穿，留下的文献记载略多一点。他可能长期活跃在当时韩、赵、魏、楚国等地，在今天的文献中能看到他与公孙龙辩论“白马非马”这样的逻辑问题。

孔子家族的第六代为孔箕，字子真，其生活的年代大约在魏惠王时，当时诸侯国连年混战。其生平的细节，并没有留下更多的文献记录。

孔子家族的第五代为孔求，字子家。

孔子家族的第四代为孔白，字子上。

孔子家族的第三代为孔伋，字子思，一般认为是《孝经》《中庸》的作者。

孔子家族的第二代为孔鲤，字伯鱼。《史记・孔子世家》记载："孔子生鲤，字伯鱼。伯鱼生伋，字子思。子思生白，字子上。"孔伋、孔白父子二人间的仅有的对话主要保存在《孔丛子》这部书中。

孔子20岁的时候就有了儿子孔鲤。《孔子家语・卷九》："至十九，娶于宋之亓（qí）官氏。一岁而生伯鱼，鱼之生也，鲁昭公以鲤鱼赐孔子，荣君之贶（kuàng，赠送），故因以名曰'鲤'，而字伯鱼。"

到了这里可以看到，生活在今天的孔氏家族成员已经有几百万人，几乎每个人都能一代代向上回溯，清楚地找到自己每一代祖先的名字。到最后会发现，他们共同的祖先都是孔子，共同的姓氏便有着共同的祖先，共同的姓氏便来自同一源头，无论人口再多，居住的距离再遥远，如今的生活习俗、价值观念差异再大，都是同一棵大树上生出的千千万万个枝枝杈杈，每个人的血脉中都一直存在着共同的基因，靠着一代代的家庭，传承至今。

3. "炎黄子孙"

孔氏家族的故事到这里并没有结束。中华文化号称"上下五千年"，海外华人有时会称自己是"炎黄子孙"，也就是将部落首领时期的炎帝和黄帝作为共同的祖先，这到底只是一种想象，还是一种有依据的说法呢？自然，大部分家族都无法用足够的历史文献记录来证明自己是炎帝或者黄帝的后代，不过孔子家族仍是例外。从孔子家族的历史渊源中可以看到亿万中华民族后代同根同源的直接证据。

清代《百家姓考略》提道："孔：鲁郡，系出子姓。武王封商微子于宋，至闵公捷生弗父何，何玄孙嘉字孔父。孔父孙罣夷父以祖字为孔氏，夷父子防叔仕于鲁国，防叔孙叔梁纥生孔子。"

这段话比较简要地说明了孔子祖先的世系，即孔子的祖先一直都是子姓，从周武王时期就开始生活在当时的宋国。周武王率军讨伐商纣王之后，建立周朝，即西周，商朝由此灭亡，不过商朝的贵族和一些子民并没有从此消失，而是集中迁徙到宋国，以商丘作为都城，以商纣王的一个哥哥微子启为国君，这是当时的周朝"存亡继绝"政策的一部分。

宋国第5位国君为宋闵公，宋闵公之子为弗父何，弗父何的玄孙为孔父嘉，孔父嘉的孙子为罣夷父。从罣夷父开始，孔子的祖先便开始以祖父的字作为姓氏，即孔氏。《广韵》为此做出了一些解释，说"后代以子加乙，始为孔氏"。这种解释未必为真实的情况，不过说出了"子"与"孔"的关系，即"孔"姓是"子"姓加上"乙"字形成的。

当时的人名与后代有一些不同，比如后代的称呼苏轼，名轼，字东坡，一般先说名，后说字，而当时则是先说字，后说名。孔父嘉实际上名嘉，字孔父，为子姓，子姓一般忽略不讲。罣夷父的儿子防叔开始来到鲁国做官。防叔的孙子是叔梁纥，叔梁纥的儿子为孔子，他们都生活在鲁国，所以孔子是鲁国人，而历史上孔子的祖先是宋国人。

西周建立之后，孔子祖先具体的世系传承：

微子启（15，即商纣王的哥哥）—仲思衍（14）—宋公稽（13）—丁公申（12）—湣公共（宋闵公11）—弗父何（10）—宋父周（9）—世子胜（8）—正考父（7）—孔父嘉（6）—木金父（5）—罿夷（4）—防叔（3）—伯夏（2）—叔梁纥（1）—孔子（0）。

也就是说，从孔子本人这一代开始算起，向上第11代即为宋国的国君宋闵公本人，孔子是宋国国君的后代。宋闵公向上，为商纣王的哥哥微子启，也就是说，实际上孔子是商朝国君的后代，不过这都是过于遥远的历史了。

《论语·宪问》提到孔子本人曾说：“吾从大夫之后。”当时，贵族阶级分为公、卿、大夫、士，大夫是最普通的贵族，在孔子的祖先中，正考父是正卿的身份，其子孔父嘉，孔子向上第6代祖先则仅是大夫了。也就是说，孔子的祖先孔父嘉在宋国遭受政治风波，逃往鲁国之初，可能连大夫的地位都已经没有了，“从大夫之后”也已经是一种“自我拔高”的说法了。

孔父嘉只有一个儿子，即木金父。为了躲避危险，他便离开自己祖先一直生活的宋国，来到鲁国定居。木金父在鲁国作为外来人，社会地位比较低，不再是大夫，而可能只是属于士阶层了，其子罿夷开始在鲁国生活。

实际上，孔子家族迁居鲁国之初，是一种近似于“难民”的身份，没有什么社会地位。孔子的祖先们正是在这样的环境下开始生活，一代代繁衍生息的。

孔子的父亲叔梁纥是孔父嘉的五代孙。到了叔梁纥这一代，孔子家族从宋国到鲁国避难已经有四代人了。叔梁纥本人在历史上留下了一些记载，并使孔子家族在鲁国从此成为有身份的低级贵族阶层，这主要是因为他为鲁国立了两次战功。

孔子的祖先到了商代末年的微子启当然还不算到头。根据《史记》记载，商代的王室每一代人都有名字，传承清楚，孔子的祖先因此可以向前追溯更久。再进一步，既然孔子是商朝王室的后代，那么，商朝王室的祖先自然就是孔子的祖先了。

商汤是商朝的建立者，《史记·殷本纪》对商代祖先传承有清楚的记录，根据《史记·殷本纪》的记载，商纣王是商汤的第16代孙，从建立商朝的商汤向前回溯第13代，是契，《史记·殷本纪》说："殷契，母曰简狄，有娀氏之女，为帝喾次妃。"殷契是商朝的祖先，是帝喾（kù）的后代。帝喾是谁？他是一般意义上说的三皇五帝中的五帝之一，五帝为黄帝、颛顼（zhuān xū）、帝喾（kù）、尧、舜。《史记·五帝本纪》对五帝的世系也有清楚的记录："帝喾高辛者，黄帝之曾孙也。"也就是说，帝喾是黄帝的曾孙。

从上述的追溯可以看到，孔子的祖先，可以一代代向上追溯到黄帝本人，孔子是黄帝的后代，那么数百万孔子的后代也是黄帝的后代。在历史上，像南北朝时期这样动荡不安的时代，孔氏家族的记录可能不够完整、准确，也可能有一些人私自将自己的姓氏改为孔姓，所以记录难免有偶尔存在问题的情况。不过总体上，这些历史文献是可靠的，每一个孔氏家族的后代都可以在族谱中将自己的祖先从本人开始，一代代向上追溯到最源头的那一个人。

司马迁的《史记》是从“五帝”(黄帝、颛顼、帝喾、尧、舜)开始写的，这是第一部完整记录中华民族历史源头的史书。在“五帝”之后，司马迁接着写了“夏”“商”“周”三个朝代，中华民族由此开枝散叶，发展到今天。

不过，由于中国的思想典籍是从周代开始的，所以很多人对于周代之前的内容不予认可，认为司马迁写的只是“传说”，而不是真正的历史。清末民初，王国维通过自己的努力，将《史记》中的内容与当时出土的甲骨文字做了印证，将历史记录与考古过程中的文字发现形成了“二重证据法”，向世人证明，司马迁所写的中华民族早期历史是可靠的。既然之前曾被怀疑的商代历史记载是可靠的，那么司马迁所写的夏代，以及“五帝”，也应该是比较可靠的。

“五帝”中最早的黄帝是中华民族共同的祖先。所以，今天许多中国人以及海外华人常把自己称为“炎黄子孙”，这并不是一句虚指的话，而是有完整的历史文献依据的。

因为孔氏家族的族谱保存最为完整，所以本书在此举出了孔氏家族的例子。根据《史记》的记载，夏、商、周三代的祖先，以及周代分封的列国，比如秦国、楚国、齐国、鲁国的祖先，他们都是“五帝”的后代。在《史记》中，这些朝代、列国的祖先有清楚的代系传承，他们的祖先都可以追溯到“五帝”本人。当然，他们也是今天每一个中国人和海外华人的祖先。

也就是说，实际上每一个中国人和海外华人，不管是生活在广东，还是其他省、市、自治区，还是香港、澳门，还是海外的其他地方，都是最早时期黄帝和炎帝的后代。黄帝是那时候的首领，另外一个部落的首领为炎帝，黄帝和炎帝曾经发生过战争，最后两个部落逐渐联合在了一起，成为中华民族共同的祖先。

由于历史过于久远，许多生活在今天的粤港澳地区的人们已经无法弄清楚自己祖先的代系传承，不过，这并不能改变每一个人都是“炎黄子孙”的历史史实，因为每个人身上都流淌着祖先的鲜血，也因此有着共同的基因，传承着共同的历史使命。

第三章 家族与聚落

1. 聚族而居

定居

明代万历年间，大约16世纪的最后几年，一位叫杨法遵的年轻人离开了他一直生活的梅州，从广东东部向西迁居，到了广东中部一带的惠州生活。

初到惠州，杨法遵在这里没有自己的土地，便依靠打铁为生，将铁块烧红，用锤子敲打成生产、生活用具。在中国古代社会，打铁是一门重要的手艺，农业生产用到的镰刀、斧头，生活中的种种铁具，大都靠铁匠手工打造。那时候，打铁是很赚钱的生意，只是需要常年在炙热的火炉旁挥舞着沉重的铁锤，十分辛苦。老一辈人常说："人生有三苦，打铁、撑船、磨豆腐。"从事这些行业耗费力气，被视为是人生之大苦。

经过许多年的辛苦工作，杨法遵终于积累了一些钱，希望能安定下来。他四处对比之后，看上了一处叫作"良井"的地方，这里河流蜿蜒，土地肥沃，环境优雅，附近的一口井，出水清澈，味道甘甜。杨法遵觉得这里很适合生活，于是，便在良井附近的霞角村买了一块地，定居下来。

在霞角，杨法遵生了五个儿子，分别取名华茂、玉茂、昌茂、胜茂、永茂。从此，杨氏家族便在这里繁衍开来了，杨法遵成为后来“良井杨氏”的第一代。

此后，中国进入了清代，社会逐渐安定下来。“良井杨氏”不断繁衍，每一代都有人向四周其他村落迁徙。发展到当代，良井成为一个镇，大约有3万人，其中2万多人都是杨氏家族的后代，可以说“良井杨氏”的开枝散叶，发展出了良井镇的大部分聚落。

“良井杨氏”的第五代，留在霞角生活的是杨凤山，他有两个儿子，分别叫学深、学潜，此时的“良井杨氏”家庭条件渐渐变好，他们开始思考让整个家族聚集在一起生活，而不再四处向外迁徙；此时的中国，也进入了清代的“康乾盛世”，社会长期没有大的动乱，人们劳动、生产，不断积累着更多的财富。

修屋

于是，从清代的乾隆年间开始，“良井杨氏”的后代便不断建造房屋，聚族而居。其中，杨学深的孙辈一共有六个人，分别叫作宝善、宝辉、宝泉、宝光、宝传、宝贤。杨学潜则有七个儿子，分别叫作和均、丕谟、和铃、和鸾、和莹、和锴、和谆。这十三个人的年龄差不多，他们长大后，到了娶妻生子的年龄时，不再像前辈那样会陆续搬到其他地方生活，而是分别在附近建造起了十三处“围屋”，仍旧居住在临近的地方，这便是良井镇的“杨氏十三家”。到如今，“杨氏十三家”的后代已经有了几千人，他们的祖先在清代建立起的房子，大部分一直保存至今。

“围屋”是那时候岭南常见的建筑。简单来说，所谓的“围屋”，就是围绕在一起的连片房屋。这些连在一起的房屋，大部分有主次之分，也有不止一处作为院子的天井。“杨氏十三家”共建造了五处“围屋”，每处“围屋”的面积均有几千平方米，比如杨宝辉、杨宝泉两家居住的“大福地围屋”面积多达8000平方米，共有150多个房间，十几处天井。一处“围屋”便构成了一处家族聚居的场所，而众多围屋在一起，则形成了规模很大的家族聚落。

“良井杨氏”建造的“围屋”充满了祖先对家族荣耀的传承，对家族生活的构想，对家族未来的期盼。比如“围屋”的大门之上刻有大字：“关西流芳”“诗礼传家”，“围屋”中心正厅挂有楹联：“经纶盖世推三相，清白传家守四知。”

楹联中的“三相”是指明代的杨士奇、杨荣、杨溥三位杨姓宰相，而“关西”和“四知”说的是同一个人。在两千年前，杨氏家族有一位重要的祖先，名叫杨震，陕西人，字伯起，是汉代名臣，学问优良，名声很高，担任过宰相，在那时候，便有“关西孔子杨伯起”的说法，人们认为杨震像孔子一样，可见其名声之好。这便是“关西流芳”的意思。

“四知”是关于杨震的一个家喻户晓的故事。有一次，杨震路过昌邑县，并在这里住了一晚，他曾经举荐过的一个下属王密恰好在这里担任县令。这天晚上，王密来到杨震的住处，想送给杨震一些钱财作为感谢。杨震说：“故人知君，君不知故人，何也?”意思是说我是你的老朋友，我知道你的心意，你却不懂我。

王密曰："暮夜无知者。"即夜里没人知道。杨震曰："天知，神知，我知，子知。何谓无知！"王密只好惭愧地离开了。

正因为此，杨氏家族的后代都追慕杨震的品行，称自己是关西杨震的后人，把清清白白做人看作是家族的精神追求。

"良井杨氏"只是岭南地区千百家族中的一个小小的例子。在岭南地区，许多村落与家族是叠加在一起，一个或者几个家族便是一个村落，而有的几个村落都是由一个家族不断扩展而成的。

聚居

可以说，在中国人的观念里，是先有了家的开枝散叶，才有了家族的聚集，然后才有了村落。人们之所以选择生活在一起，从物质层面来说，是为了便于生产、生活中的分工合作；而在精神层次上，则是为了继承祖先一代代传承的价值观念。这是中国文化的重要传统，是刻入每一个中国人灵魂深处的理想追求。

为什么非说这是中国人的传统呢？我们这就来看一下具体的思想源头。早在三千多年前，在中国人最早的思想著作之一——《诗经》中，中国的祖先们便已经构想出了这样的场景。

鲁迅在小说《社戏》中提到说，他随母亲回到乡下，在和伙伴们一起放牛时，伙伴们常因为他会读"秩秩斯干"而对他照顾有加。这里提到的就是《诗经》中的一篇，题目便是《斯干》。原诗的开篇为：

（第一章）秩秩斯干，幽幽南山。如竹苞矣，如松茂矣。

兄及弟矣，式相好矣，无相犹矣。

（第二章）似续妣（bǐ）祖，筑室百堵，西南其户。爰（yuán）居爰处，爰笑爰语。

这篇诗歌，说的正是一个家族从寻找生活场地，然后定居在一个地方修建房屋，聚集生活的场景。

第一章的几句话呈现了由远及近、由宏观到具体的画面。

第一句“秩秩斯干，幽幽南山”，“干”是溪水的意思，这句话是对生活环境的描述，幽远的山谷中，有潺潺的小溪。背山面水，在中国传统风水文化中，称之为“负阴抱阳”，这是中国人对居住环境的最理想化追求。

第二句“如竹苞矣，如松茂矣”，画面逐渐拉近，在山谷之间有翠绿的竹子、茂密的松林，茂盛的植物是生命力的象征，也是中国传统居住环境的重要组成部分，以此引出下一句对人的描述。

第三句“兄及弟矣，式相好矣，无相犹矣”，画面逐渐变得微观，一个家庭中有了越来越多的孩子，亲密的兄弟和睦相处。

第二章写人们修建大片的房屋，一家人住在一起，快乐地生活。

第一句“似续妣（bǐ）祖，筑室百堵，西南其户”，即为了继承祖先的理想，在这里建造房屋。这里既写了宏观的建设场景，又写了把门修在西南侧这样的细节。

第二句“爰（yuán）居爰处，爰笑爰语”，这一句仿佛是诗人对前述场景的想象，等到房屋建设完工后，生活在这里的人们一定会十分快乐。

其实，这首诗的下文所述，都是一个普通的家族在一个地方定居下来之后所做的事。千百年来，一代代的中国人像是遵循着一种生命基因的潜在指令一样，在一种统一的价值观之下，追寻着自己的生活。

岭南地区位于中国大陆的南部边缘，从地理空间上来看，这里自古以来便处在中华文化的“末梢”地带，不过，岭南地区始终是中华文化的一部分。岭南地区与其他地区一样，都是从同一个根脉中长出的树梢，而且，岭南地区的文化在中华传统文化的基础上，更具有了几分新意，多了一些包容，可以说是在自身条件下长出的参天之树。

2. 因地制宜

岭南水乡

清代宣统元年（1909年），今天属于佛山市桂城街道叠滘（jiào）乡的茶基村，终于将何氏宗祠建造完毕。在那时，生活在这个村子里的人大都是何氏家族的后代，他们一直想为自己的祖先修一座祠堂，这次终于完成了心愿。

在祠堂的门口，茶基村的何氏后人题写了一副对联：“华岭旧家声，庐江新气象。”这副对联中提到了华岭和庐江，这是茶基村何氏家族的两个源头。庐江是安徽省庐江县，俗话说“天下何氏归庐江”，庐江是何氏家族的最早发源地。传说，秦朝消灭六国，统一中国之后，派兵四处搜寻六国贵族的后代。当时，韩国的后代从今天河南一带向东逃难到安徽庐江，他们为了逃避秦朝的追兵，便改姓为“河”，之后又改为“何”，这便是所有何氏家族的第一代祖先。到了宋代，很多人从中原地区向南迁居到岭南，茶基村的何氏祖先大约也是那时候从北方南下的。

这副对联中的华岭，是指佛山市南海区的华平村。到了明代永乐十二年（1414年），茶基村的何氏祖先从华平村迁徙到了这里。五百年来，经过辛苦开垦，茶基村已经从沟汊纵横的荒野之地，变成了绿树掩映，清溪环绕，小桥流水的宜居之所，“绿树两旁闲逸坐，清溪一水荡舟游”。何氏家族在这里繁衍生息，也不断建设着这块土地。

整个岭南地区是我国降水量最多的地区之一，叠滘的“滘”就是“河流交汇”的意思。茶基村所在的珠江三角洲河网密布，正因为此，河流与茶基村人们的居住空间，乃至于整个岭南地区的居住空间都有着密切关系。

曾经的茶基村，生产生活都是围绕着水而开展。人们在河里取水、洗漱，在水中玩耍、嬉戏，这里的河流就是北方的道路，是运输的载体；这里的池塘就是北方的田地，是生活资料的来源。

带状

在岭南地区，河流如此重要，许多村落都围绕着河流分布，村里的房屋则建设在河流的两岸，村落中最重要的公共建筑，则建设在河流冲积形成的开阔地上。无论个人的房屋还是公共建筑，都尽量面向河流、紧邻河流。靠近水，成为岭南地区的一种固定的居住空间营造模式。有时候，人们甚至要在房屋前开挖一块小小的池塘作为景观存在，可以说，水甚至已经构成了岭南地区居住空间的心理安全保证。

顺德县乐从镇大墩村是从北方迁入的另一支何氏家族的聚集地。现在的大墩村随着社会发展已经有了一些城镇化的样貌，不过仍旧可以看到，这里池塘密布，河流周匝，水与村落交织在一起。在历史上，大墩村的格局基本上是沿着河流而展开，村中的道路和巷道都随着河流的转弯而变换方向，多条河流像道路一样串联起村落的不同空间。这便是岭南地区特有的带形水乡。聚落的建筑群总是沿着河流的方向，紧贴着河岸分布，呈现出带状布局。这条河流往往就成为该聚落最重要的联络线路，河岸两侧有码头供人们往来。离这条河流越近，越繁华热闹；离这条河流越远，则越安静。河上修建的桥梁则形成了水陆交通的连接点。

团块状

珠江三角洲的下游，地势较低，河流分叉，自然形成了许多由大大小小的河流包围的沙洲，每一个沙洲都是一个独立的地理单元，于是，一个家族往往便以沙洲为“据点”，建设房屋，形成相对独立的生活空间。顺德县杏坛镇的逢简水乡便是这样的。西江下游的支流锦鲤江在这里又分为许多弯弯曲曲的枝杈，把逢简村分割为一个个团块状的自然分区，不同的宗族生活在各自的团块地带，既相互独立，又分工合作，形成一种奇妙的岭南水乡聚落。

“三间两廊”“明字屋”

清代道光二十三年（1843年），顺德碧江人苏丕文从当时朝廷的兵部退休。退休之前，他是兵部职方司员外郎。职方司是兵部的机构之一，负责驻守各地关隘的中低层武官的考核、人员选拔事务，职方司郎中是正职，官级为正五品；员外郎是副职，官级是从五品，大概相当于今天的处级官员。在退休时，朝廷一般都会让这个人以高一些的级别退休，所以苏丕文是以更高级别的身份退休的。

中国文化有“富润屋，德润身”的传统，苏丕文所在的“碧江苏氏”家族本身就比较富裕，祖上一直种植龙眼，制作干果，参与经商活动。苏丕文退休后，希望把居住的环境改造得更好一些，便大兴土木，建设了一座规模宏大的宅院，并在宅院大门口挂上了一块写有“职方第”的匾额。

苏丕文修建的“职方第”共有五进，也就是从大门口向里走，要经过五个院落才到头。这座宅院是岭南民居中的大型宅院，大部分保留至今，成为顺德当地的一处重要的旅游景点。

在岭南水乡的传统聚落中，连片的“围屋”、苏丕文的“职方第”是大家族建造，家族成员共同生活的大型住宅，更多的住宅则是小型住宅，小型住宅主要有“三间两廊屋”和“明字屋”等。

简单来说，“三间两廊”与北方的四合院比较接近，从平面布局来看，是呈对称的三合院布局，由“主屋”和“主屋”两侧的“廊屋”组成。“主屋”一般有左、中、右三个房间，中间的房间多是大厅，总称为“三间两廊屋”。“主屋”和两侧的“廊屋”围起来形成天井，类似于北方的院子。一般来说，三间主屋用来住人、会客，有的大厅中还专门留有非实用空间，供奉有祖先的牌位，两侧的“廊屋”用来做厨房、储存杂物。

有一些相对穷苦些的人家，住的房子没有两侧的“廊屋”，只有三间“主屋”，人们称为“一明两暗”，入口在中间，称为“明间”，作为大厅用，两侧住房，一般做起居生活和卧室用。

明字屋从平面来看，类似于一个“明”字。明字屋不像“三间两廊”是围绕着天井形成的对称格局，而是更侧重功能，由外向内，先是一个天井，天井再向内，左侧是具有卧室功能的房屋，右侧是大厅、厨房、杂物间，其中一侧的房屋相对少一点，另一侧每个房屋面积相对小一点，因此数量多一点，这样就组成一个“明”字。有的明字屋后侧也有天井，有的明字屋厨房在屋后，有的明字屋是楼房建筑。

明字屋进行一些压缩，就会变成“竹筒屋”，也就是像竹筒一样，从前到后，分别是卧室、大厅、厨房等不同功能的空间，布局更加简单，占地也相对更小一些。

当然，不同人家的房子可能多少有些差异，周围地理环境、家庭条件、人口多少不同，居住空间也会有一些变化。

岭南民居的山墙

在广东中南部的广府地区，传统民居的外墙高高耸起，像是大锅的锅耳，所以也称为“镬（huò）耳山墙”。镬，是古代的一种大锅。镬耳状的山墙可以防火，也有助于通风，即使院外的巷道里只有很小的风，高高的山墙也能挡住这些风的走向，让风通过墙外的窗户吹进室内，从而降低室内的湿度和温度。

在岭南的市镇地区，临街建筑广泛存在着“骑楼”样式。所谓的“骑楼”，就是沿街的房屋，在一层的店铺外，是供行人往来的通道，大约有几米宽，二层以上则遮盖着人行道。由于岭南地区天气炎热多雨，骑楼可以遮阳避雨，方便顾客停留，提高商业活动的便利性。

房屋之外

在岭南地区，房屋与房屋之间的小巷子与北方有很大的不同。岭南村落里的巷子分为两种，其中一种像北京的胡同一样，是村落里的道路，大约一两米宽，这种巷子称为“里巷”或“火巷”，房屋有大门或者侧门朝向这些巷子开。另外一种巷子则特别窄，有的甚至连一个人都容不下，这种巷子不是用来作为道路使用的，而是用来通风的，称为“冷巷”。两侧的房屋不会有门，而会有窗户朝向“冷巷”。

在岭南水乡，村落建筑沿河而建，在一些有起伏的丘陵村落里，“冷巷”一头连着河岸，一头通向山岗上，由于“冷巷”很窄，阳光照不到，温度比较低，容易跟周围的建筑之间形成一种因为冷热不均而产生的“风压”。“冷巷”中的空气相对比较凉，空气温度低，那么按照热胀冷缩的原理，密度就高，压力便大，这样风会从巷子吹向房屋。通过这样简单的设计，河岸和山岗上清爽的凉风便被引导进房屋了。

中华文化地域辽阔，不同地区的民居有不同的特点，岭南地区的聚落和民居受到本地气候、地理条件的影响，形成了鲜明的特色。不过，在总体上，岭南地区的聚落与建筑都是中华文化的一部分，符合中华民族对居住空间的心理文化认知。比如，仍旧以鲁迅先生在《社戏》中提到的《诗经·斯干》这篇古老的诗歌为例，在上文提及的前两章之后，接下来的章节便叙述了这样的场景，从中可以看到岭南以及整个中华文化对理想的居住空间的共同理解。原文如下：

（第三章）约之阁阁，椓之橐（tuó）橐。风雨攸除，鸟鼠攸去，君子攸芋。

（第四章）如跂（qǐ）斯翼，如矢斯棘，如鸟斯革，如翚（huī）斯飞，君子攸跻。

（第五章）殖殖其庭，有觉其楹。哙（kuài）哙其正，哕（huì）哕其冥。君子攸宁。

第三章是人们在选好生活环境之后，建造房屋的过程。粗绳索把筑版勒得咯咯响，石杵把围墙夯得响咚咚。前半部分写实，后半部分写虚。诗人仿佛看到了已经建设好的房屋十分坚固的样子，从此以后，风雨都被遮挡在外边，老鼠也咬不坏，从此便能安居乐业。

第四章是对于已经建设好的房屋的描述。为了描述得更加形象，诗人连续使用了四个比喻：从形状看，房屋像是一个人高高站立；从结构看，房屋像是一支箭向上直冲；房屋的飞檐像是大鸟展翅；房屋的颜色像是锦鸡飞腾。

这是中国传统建筑审美外形中最重要的几个方面。可以说，这里的描述影响到了后来两千多年中国传统建筑的外形审美文化。第五章与第四章相呼应。第四章描述房屋的外形，第五章则描述组成房屋的结构。“殖殖其庭”是说庭院要平整，“有觉其楹”是说楹柱耸立在两旁，“哙哙其正”是说正厅要十分敞亮，“哕哕其冥”是说卧室要十分安静。

庭院、柱子是中国各地传统建筑的突出元素，庭院要宽敞，楹柱要稳定，前厅要明亮，后室要安静，这是各地传统建筑的基本追求。

第四章 家：生产和生活一体

1. 塑造家族共同体

霍韬像

岭南在珠江下游有两大文化名山，一座为罗浮山，就是苏轼写诗称赞“罗浮山下四时春”所讲的地方。罗浮山有时也称为东樵山，这是因为还有另外一座文化名山，为西樵山。

明代嘉靖三年（1524年），广州府南海县（今佛山市南海区）的霍韬在京城担任兵部职方司主事，这是正六品级别的普通官员。这一年，他在京城备受煎熬，因为在朝廷的一次论争中受到严重排挤，于是只好选择回到故乡西樵山下的南海县暂住一段时间，此时，他36岁。

其实，霍韬本是南海县的大才子，在27岁那年便以第一名的身份考中进士，也就是后世说的考中了状元，这是“万里挑一”的骄人成绩。做官之后，他先是在翰林院工作了几年，然后又升任到兵部，可以说前途无量。在那时候，考试成绩一般的进士通常会被分配到各地担任知县，管理一方事务，但是升职比较困难；考试成绩较好的进士则留在朝廷中，先是在朝廷里的六部工作，升迁比在地方快一些，很多人慢慢会成为权力中心的人，尤其是像霍韬这样曾经考中状元的人。霍韬虽然只是在兵部下边的职方司担任一名主事，官级很低，但是却敢言善辩，多次在朝廷中坚持己见，因此逐渐被身边的人排挤。

回到故乡后，霍韬开始将精力放在家族建设上。那时，本地比较有名的西樵山上有一个宝峰寺被拆毁了，有几百亩土地属于寺庙资产，霍韬便买入了这些土地，然后以这几百亩土地作为家族共同财产，对本家族几代人进行了重新组织。

在以前的岭南地区，人们说的“家”大都是指家族。家族是包含了几代人在内的群体。某个家族的后代，即使结婚生子后，也没有属于小两口的共同财产，他们的劳动所得，都属于更大范围内的家族。

现代社会说到“家”，是以夫妻关系为核心的，只要有一对夫妻关系出现，就意味着有了一个新的家庭，理论上，这个家庭就拥有独立的财产、独立的生活空间，作为独立的社会单元存在。而在传统社会中则不是这样，比如在《红楼梦》里，贾宝玉的祖母史太君（贾母）是她所在家族年龄最长的人，贾母的直系后辈就是该家族的成员，贾母有两个儿子，分别是贾政、贾赦；贾赦生子贾琏，贾政生子贾宝玉、贾环。即使贾政、贾赦、贾琏、贾宝玉这些人都结婚生子之后，他们所有人的财产仍是在一起的，他们的收入属于家族所有，也不需要以夫妻关系为单位独立承担社会责任。就像今天夫妻财产共有一样，古代的家族关系扩大了财产共有的范围。现代家庭以夫妻关系为核心，包括夫妻关系、亲子关系；传统家族则以血缘关系为核心，包含夫妻关系等其他各种关系。

在传统社会，对于一个人来说，在共同生活的家族之外，还有一些血缘关系比较疏远的同姓亲属关系，可以称为是宗族关系，同宗共祖，却并不生活在一起。在很多情况下，一个人家族与宗族之间的界限可能是变化的，有时候会分家，那么新的家族就出现了。古代也有和现代社会一样的情况，而即使在现代社会，家族也是存在的，很多人的父亲也有自己的兄弟，也有自己的叔父、伯父，只是与古代社会相比，这些人之间的关系不再那么紧密，而更类似于比较松散的宗族关系了。

总的来说，家族是古代社会的重要组织单元，尤其在岭南地区，家族力量一直十分强大，这与岭南地区特有的地理位置和人口迁徙情况密切相关。由于不断有新的人口从北方迁入，先后来到这里，人口之间只有各自相互团结，才能有效防止利益损失，在这种情况下，家族是最基本的团体，变得十分强大。

当然，霍韬所在的家族最初还没有《红楼梦》中贾府那样的规模。在霍韬为官之初，除了霍韬之外，家族中也没有更多做官的人，也不像贾府那样拥有数量庞大的土地可以收取租金，大部分家族成员都需要亲自参与生产劳动。

根据所在家族的情况，霍韬设计了两个制度，分别是“考功制”和“会膳制”。

“考功制”是指家族组织统一的生产劳动，并用家族公共土地所得，对产出较多的人给予奖励。为此，霍韬家族专门选出两人，分别担任“田纲领”和“司货”，前者负责考察务农的家族成员所得，后者负责考察经商的家族成员所得。务农与经商各按照收益高低分为高、中、低三档。

每年年底，家族要在祠堂内举行“岁报功最”的活动。这一天，家族成员聚集在祠堂内，族长站在祖宗牌位旁边，家族成员站在庭院内。随后，每人按照辈分高低，逐个到祖宗牌位前，向祖宗汇报一年以来的所得，比如每亩地收获粮食多少，经商收益多少。如果有人获得了最高档，族长便为之敬酒作为表彰，并给予物质奖励。对于游手好闲的人，则要当着所有人的面向祖先请罪。

很多人会有疑问，为什么这些人就愿意听从霍韬的安排呢？尤其是其中一些人明知自己即将当众受辱，却仍旧要去参加这样的集体活动呢？因为在那时候，家族在基层社会不只是一个松散的“荣誉性”组织，很多家族拥有雄厚的资金实力，而且家族成员耕种的土地大多也是租种的族田，因此家族掌握着一个人的生活来源。

除此之外，更重要的是，家族常常拥有地方政府赋予的基层治理的权力。在明清时期，县级政府是最基层的政府，可是县级政府既没有独立的财政，也没有几个固定人员，没有力量处理属地内大量普通纠纷案件。一般情况下，某地如果有了纠纷，或者性质不十分恶劣的刑事案件。如果当事人到知县衙门状告，知县一般会选择批一个条子，将该案件委托给案发地的秀才，或者家族族长来负责处理。秀才、家族族长们生活在本地，对案件当事人知根知底，处理结束后，再向知县衙门写一封处理过程的说明，案件就算结束了。既然这些纠纷最后还是由本村内来自行协调处理，久而久之，有了纠纷后，当事人也不再费钱费力到知县衙门状告，而是直接请属地所在村中的秀才或者族长来协调处理了。

正因为此，家族对个体有很大的影响力，大部分人都把自己视为家族共同体的成员，把“光宗耀祖”作为个人生命价值的最重要体现，也同时会把“丢祖宗的脸”作为最不可饶恕的罪过。他们在平时的生活中愿意依靠家族，每个人也愿意信任家族，愿意与家族成员一同行动，一同承担责任，一同履行义务。

霍韬的身份是进士，而且他曾经考中状元，地位远比秀才高得多。在清代，读书人在考科举的过程中，要经过几个步骤，考中本地的院试称为秀才，俗称相公；再进一步考中本省的乡试，则称为举人，俗称“老爷”；如果再进一步考中京城的会试、殿试，称为进士。如果一个人有了秀才身份，就可以随时到知县衙门去面见知县，而不用预约、也不用通报了；如果考中举人，见到知县就可以不用下跪，而可以平起平坐了；而考中进士的人大都在外做官，很少在本县生活。霍韬以朝廷六部官员的身份回到本地，当然有很大的影响力。

在霍韬家族开始了共同生产、共同劳动之后，霍韬还希望进

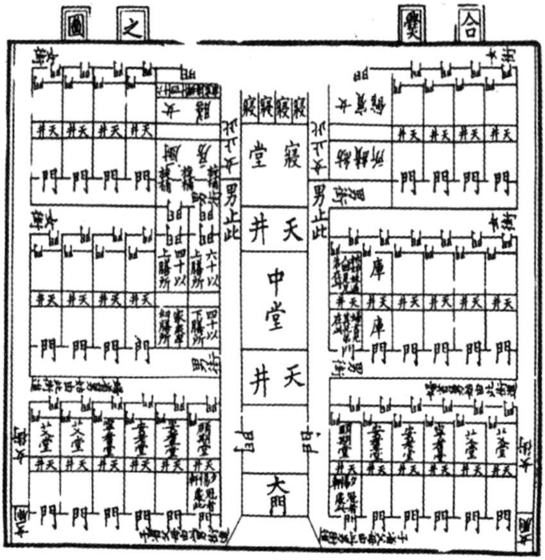

霍氏家族会膳场地图

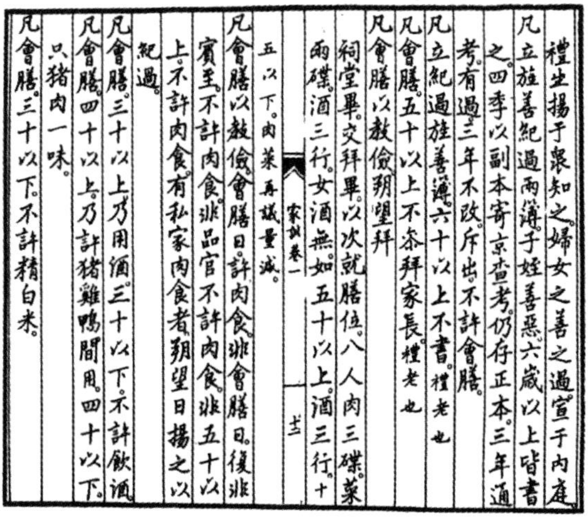

禮生揚于衆知之婦女之善之過宣于内庭
凡立旌善紀過兩簿子姪善惡六歲以上皆書
之四季以副本寄京查考仍存正本三年通
考有過三年不改斥出不許會膳
凡立紀過旌善簿六十以上不書禮老也
凡會膳五十以上不叅拜家長禮老也
凡會膳以敎儉朔望拜
祠堂畢交拜畢以次就膳位八人肉三碟菜
兩碟酒三行女酒無如五十以上酒三行十
五以下肉菜再減量減
家訓卷一
凡會膳以敎儉會膳日許肉食非會膳日復非
賓至不許肉食非品官不許肉食非五十以
上不許肉食有私家肉食者朔望日揚之以
紀過
凡會膳三十以上乃用酒三十以下不許飲酒
凡會膳四十以上乃許猪雞鴨間用四十以下
只猪肉一味
凡會膳三十以下不許精白米

《霍氏家训》对会膳的规定

一步增强家族成员的紧密关系。一直以来，霍韬家族内都是各自单独做饭、吃饭，没有在一起吃饭的传统。霍韬希望至少能组织一些象征性的活动，让家族成员不止在生产上紧密联系，也能在生活上增进彼此之间的关系。为此，霍韬提出了“会膳制”，每个月的朔、望两日，即农历初一和十五两天，全家族所有成员要举行会膳，类似于今天的聚餐，只是相对来说更具仪式化。为此，霍韬专门组织修建了用于会膳的场地。

嘉靖五年（1526年）二月初六日，霍韬家族开始组织第一次会膳。这一天，家族全体成员就像过年一样，穿上正式的衣服。见面之后，所有后辈向长辈行礼，随后才一起入座。会膳不只是单纯地吃一顿热热闹闹的饭，而是具有一定的劝人向善的性质。在每次会膳之前，会由专人总结一下近一段时间以来本家族内出现的好事，也会提出一些有损家族荣誉的事情。

传统社会与现代社会有一些不同。在现代社会，生活和生产是分开的，家庭是饮食起居的生活场所，却不是创造物质财富的生产活动场所。现代社会里，某个人同时有两种身份，一种身份是某个家庭的成员，这个身份不创造物质财富；另一个身份则是家庭之外某个机构中的成员，以社会属性存在，以分工合作创造物质财富为主要目标。传统社会则不是这样，对于每个人来说，家族不仅是生活所在地，也是生产劳动所在地，一个人从小在家族中长大，长大后又与家族成员一起参加劳动、创造财富，事实上甚至不需要独立担负缴纳税收的责任，可以说，家族为一个人提供了从出生到死亡的所有需要。

在这种情况下，传统家族在固定的日期组织一些仪式活动是十分便利的。而在当代社会，家族成员分散在不同的社会机构中、从事不同的工作，加上经营性活动的机构具有十分严密的组织性，一个人在工作制度之下，很难有自由的时间，甚至夫妻之间都很难保持共同的时间节奏，而整个家族成员的生活时间节奏就更不一致了。在这种情况下，在家族内组织共同活动十分困难，家族也便越来越松散，家族作为组织也便式微了。

2. 创新生产模式

乾隆五十九年（1794年），南海县桑园围附近十多个“堡”召集各大宗族的负责人一起开会，商量对桑园围进行整修。这次会议商定，在李村设置专门的“公所”，作为整修的协调机构，由李氏家族的李昌耀为“总理”，牵头负责整修组织工作。同时，选出协理几人、首事几人，将需要整修的围堤分为7段，每段设置一处工程所，由该段的首事负责。

链接：

在古代的粤港澳地区，县级行政区以下的行政区，名字一直在变化，比如在宋代，县级以下为乡、镇，到了元代、明代则称为坊，后来又称为都。

在乡、镇、坊、都以下，则称为堡，堡之下为图、村，村有大村、小村之别。在一些时期，乡、坊、都也作为村存在。

桑园围是珠江三角洲地区最大的“堤围”，保护着堤内1500公顷的沙田。在珠江三角洲的下游，尤其南海、顺德一带，由于河流密布，地势低洼，十分容易受到洪水的威胁，耕种不便。在一千年前的南宋时期，这里几乎是一片汪洋。不过这些情况难不倒从北方南迁到此的许多家族。

最初，少量家族在地势相对突出的小块地带种植水稻，但是收成十分不稳定。后来，这里的人们开始向河流和大海索要空间，修筑沙田。所谓的“沙田”，是用类似于今天填海造陆的办法，在珠江下游和临海地带拓展出的土地。开发沙田，先要在预定区域修筑一个合围的堤坝，将这一块区域围起来，随后，不间断地往其中填置石头，这些石头会滞留泥沙，随着河流泥沙的沉积，再继续填入石头，等到泥沙沉积到一定高度之后，便迅速在这里种满芦苇这样的水生植物，用来固定泥沙，直到最后在上游修筑牢固的堤坝，将河流的方向改变，合围的地带变成独立的田块，沙田就形成了。

修筑沙田需要很长时间，总的来说，一次性修筑的沙田面积越大，平均成本越低。在这个漫长的过程中，需要投入大量的人力、物力，但是一旦建设完成，就获得了整个沙田的所有权，所以有很多家族联合起来，共同开发出一块很大的沙田，再根据不同人的贡献程度加以划分。由于沙田的堤坝随时会面临洪水威胁，维护工作十分重要。这时候仍需要由家族出面，统一协调守护，保证沙田的永续利用。

在沙田的开发和利用的整个过程中，仅靠个人和小家庭的力量很难完成，几乎都是依靠了家族力量，由集体来共同开发完成。

桑园围是当地最大的沙田，用来保护田地的堤坝就有将近几十公里长，这些堤坝始建于宋代，后来一直不断扩展。在明清时期，桑园围附近的村子共同组织建立起了日常管理机构。到了清代晚期的道光十四年（1834年），桑园围的管理机构专门以章程形式规定了每年固定维修和分段负责的原则：“堤围巩固，全赖岁修，若非分段责成，必致岁修推诿。岁修废弛，则基患多而冲决易，分段经营，所以专责成而勤岁修。”①

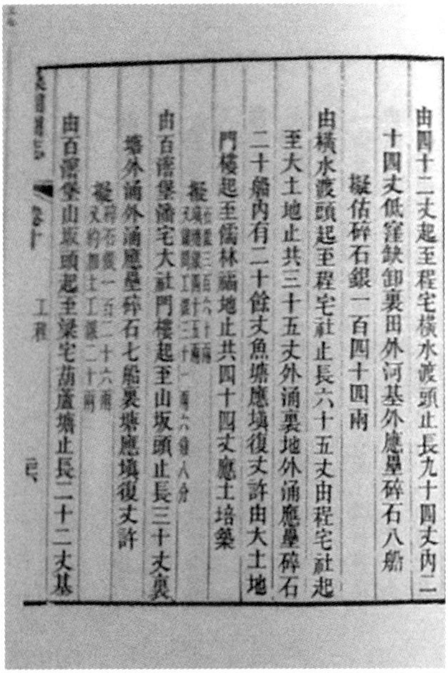
由圍十二丈起至程宅橫水渡頭止長九十四丈內二
十四丈低窪缺卸裏田外河基外應壘碎石八船
擬估碎石銀一百四十四兩
由橫水渡頭起至程宅社止長六十五丈由程宅社起
至大土地止共三十五丈外涌裏地外涌應壘碎石
二十船內有二十餘丈魚塘應塡復丈許由大土地
門樓起至儒林編地止共四十四丈應土培築
由百滘堡涌宅大社門樓起至山坂頭止長三十丈裏
塘外涌外涌應壘碎石七船裏塘應塡復丈許
由百滘堡山坂頭起至梁宅葫蘆塘止長二十二丈基

清代《桑园围志》

在沙田的开发过程中，珠江三角洲的人们创造出了新的农业模式。在新开发的沙田中，有的地方地势过于低洼，实在无法开展耕作，于是人们便因地制宜，将这些地方开挖成鱼塘，在鱼塘中养鱼；挖出鱼塘中的肥沃的泥土，既可以增高旁边的田地，避免水患，还可以有助于田地中农作物的生产。

在此基础上，珠江三角洲的人们发明了一种

①选自何如铨纂《重辑桑园围志》，清代光绪十五年（1889年）粤东省城学院前翰元楼刻本。

“桑基鱼塘”的农业模式。这种模式是在鱼塘旁边种植桑树，桑叶可以养蚕，蚕沙、蚕蛹可以做鱼的饵料，鱼塘中的泥土可以作为桑树的肥料，这样就形成了相互利用的闭环结构，既节省了成本，又保护了生态环境。

清代顺德县一位本地的文人周祝龄曾写诗说：

> 近觉桑区广，渐计禾田轻。
> 自从咸同来，鱼塘日益稠。
> 人与鱼共命，鱼与谷争秋。

从这首诗中可以看到，桑田的面积已经超过了稻田，咸丰（1851—1861）、同治（1862—1875）以来，各地的鱼塘越来越多了。

在珠江三角洲地区，本来水稻是最重要的农作物，不过由于桑基鱼塘的优势明显，到了光绪（1875—1908）年间，顺德县桑基鱼塘的面积已经是水稻种植面积的几倍之多了。

事实上，桑基鱼塘不仅存在于我国的珠江三角洲，也广泛存在于长江下游的太湖流域。不过，在清代，这两地的桑基鱼塘有一些区别，珠江三角洲的桑基鱼塘占总体耕地面积的比重较大。1929年，《中国经济杂志》上刊登的《广东省的蚕丝业》一文提到，顺德县桑基鱼塘的面积曾经一度占到全县耕地总面积的70%，而在长江下游则从未达到这样的比例。

这其中有两方面的原因。第一，桑蚕产出的丝绸主要面向对外贸易，在近代以前的很长时期内，广州“十三行”是全国唯一的对外贸易窗口，珠江三角洲地区处在对外贸易的前沿，更容易清楚地了解世界市场的动向，紧跟世界市场的步伐。第二，虽然桑基鱼塘的收益比较高，但是将本来种得好好的稻田改为桑基鱼塘具有一定的风险，挖鱼塘、种桑树，需要一定的人力、物力投入，而且种植桑树需要几年才能有收获。在这种情况下，珠江三角洲地区的家族起到了重要作用。很多家族的公共资金实力雄厚，能够从长远得失来进行统筹考量，愿意承担改造桑基鱼塘的投入。在当时，有一半桑基鱼塘是“族田”性质，也就是属于家族集体所有。在“弃田筑塘，废稻树桑”的过程中，以家族的集体名义进行投入，可以提高抗风险能力，有力推动桑基鱼塘的改造。到了清代晚期，顺德、南海、香山（即今天的中山）一带大部分劳动力人口都在从事桑基鱼塘的工作。

从这些事例中可以看到，家族让很多人紧密联系在一起，家族带来的安全感激发了个人对未来生活的想象，家族拥有的公共资金缩小了个人的试错成本，增强了个人的创新能力，提升了基层社会开展基础建设的能力。

3. 引进新作物

明代万历（1573—1620）年间，生活在东莞的陈益一直在想办法解决家族成员的吃饭问题。在生产力不发达的古代，能让家庭成员吃饱肚子便已经十分不易。那时候，粮食产量比较低，以明代为例，北方华北平原地区一般的土地，每年种两季粮食，夏初，播下小米，到秋天收获；随后种下小麦，到第二年春夏之交收获。两次的收成加起来，每亩地只能收获大概300斤粮食。而现在，每亩地玉米一次收获便能超过1000斤了。在岭南地区，一年能收获2~3次。南方种植水稻，产量比北方的粟麦要高一些，一般的土地每年总的产量能达到五六百斤。对比一下现在，广东地区的水稻每亩地每年的总产量已经可以达到2000斤以上了。

另外，再加上古代没有机械化，只靠人力和畜力，一家人一年到头不停地种地、劳作，同时养猪、养鸡，种菜，也只能勉强维持温饱。如果家族人口不断繁衍、扩大，那么就需要想各种办法才行。正因为此，在历史上，岭南地区的家族经常处在不断的迁徙中，每过一代，就会迁徙到一个新的地方，其实很多情况下是为了谋生，因为原来的地方已经没有足够的土地来养活这么多家族成员。

生活在东莞的陈益，他的祖上是从江西迁入广东的。在宋代，陈益的前辈中有人在南雄做官，时间久了，对岭南地区便产生了特殊的感情，于是便在广东定居下来。到了元代末年，陈益的祖上已经在东莞各地生根、发芽。他们不断迁居，寻找更合适的土地，四散到东莞和附近的几百个地方生活。只是，尽管家族的人口不断增加，很多人的生活还是十分困难。

陈益早就听说，在安南有一种新粮食，种植起来特别容易，而且产量又高，他想一探究竟，找到这种新的粮食，看看东莞本地能不能种植，产量到底怎么样。到了万历八年（1580年），本地有人要到安南做生意，陈益便乘船同去。到了安南，他发现一种当地产的薯类作物，味道甜美，安南本地人常拿来招待客人。陈益这才知道，这种薯类作物恐怕就是他在东莞时常听到的新粮食。

于是，陈益动了心思，想要偷偷将这种薯类作物的种子带一些回去，试着种一种，可是，这是安南当地所不允许的。为了拿到种子，陈益甚至偷偷贿赂了当地人，这才获得帮忙，将这种薯类带到船上。在万历十年（1582年）的夏天，陈益回到了东莞，因为这种薯类是从安南带回的，所以，他便将其命名为“番薯”。

就在1582年夏天，陈益把带回的番薯种子种在花园里，番薯很快便长大了，挖出来尝一尝，味道甜美。从此之后，番薯，也就是今天人们说的“红薯”，便开始在东莞，以及整个南方广泛种植起来。

陈益人如其名，一生都希望为自己的家族，乃至整个社会做一些有益的事。红薯的引进终于让他的心愿得以完成。在当时的时代，红薯种植方便，生长迅速，不怕干旱，而且产量特别高，作为一种农作物，具有巨大的优势。后人陆耀在《甘薯录》中说：“亩收十石，数口之家，止种一亩，纵灾甚，而汲井灌溉，一至成熟，终岁足食。”在此之前，一家人需要种十亩地，在纳完税或者地租之后，才能勉强吃饱饭；而种植红薯，一石相当于今天的一百多斤，一亩地就能有之前几亩地的收获量，一年可以种植多次。而且红薯产量稳定，很少因为天灾而减产，同时，红薯需要的田间管理很少，每亩地的劳动量本身也下降了很多。

其实，岭南地区的人们种植水稻，要比北方种植小麦、小米的劳动量大很多，因为南方的天气更加炎热潮湿，而且稻田满是泥泞，在其中行走十分困难，劳作便更加辛苦了。红薯是一种很特别的作物，种下之后秧苗很快就把地面覆盖，几乎不用做田间管理，甚至除草都不怎么需要，这大大降低了岭南人民日常劳作的辛苦程度。

不过，每一种新事物的推广都并不是那么容易的。在明代，人们最初只认可红薯是一种蔬菜，在分类时，把红薯作为“菜部”，而不认为这种作物可以变成粮食、作为主食。直到清代，农业、医药类的著作才开始把红薯作为“谷之属”，红薯才成为中国人心中的粮食。在陈益生活的明代后期，推广红薯，让更多的人知道，成为他后半生最为挂念的事，以至于他在遗嘱中向后代嘱咐，等他死后，在举行祭祀活动时，一定要把红薯作为祀品，好让他一直知道红薯的存在。

后来，在红薯推广传播的过程中，陈氏家族在南方的一些支属做出了重要贡献。在清代，很多来自南方的陈氏家族后代到北方做官、经商，他们每到一处，便在该地推广红薯。其中，陈世元的贡献最为突出。在乾隆（1736—1795）年间，当时的山东地区受了蝗虫灾害，此时陈世元正好在青岛做生意，便与一些好友一起资助当地人种植红薯，受到当地人民的广泛欢迎。乾隆二十一年（1756年），陈世元的长子陈云将红薯带到河南朱仙镇加以推广，后又带到河北。第二年，陈云开始将红薯推广到京城附近的农田里。

在古代，红薯种植面临的最大问题是不易储存。红薯食用很方便，从地里挖出来便可以直接生吃，也可以煮熟了吃，只是保存困难。后来，人们终于找到了保存红薯的办法，即将收获之后的红薯放在地窖中，地窖中的温度、湿度都十分适宜，红薯可以储存几个月之久。同时，人们还把红薯切成干，晒干之后磨成红薯面，用来制作面条、饼等食物，延长了红薯的保存期限。慢慢地，红薯开始遍布全国。

在红薯引进中国的前后，玉米也从东南亚引进中国，并从南方逐渐扩展到全国。在当时，玉米也是一种相对比较高产的粮食作物。红薯和玉米这两种农作物的引进，使中国农作物的种植结构发生了革命性变化，同样一亩耕地，开始能养活更多的人了。

从北方南迁，不断进入广东的家族，作为广东本地的后来者，总是只能占据一些前人没有注意到的土地，这些土地要么是在山里，交通不便，耕作困难；要么十分贫瘠，农作物产量很低，无法养活不断增加的人口。新作物到来后，产量增加，劳动量降低，人们便能够腾出更多时间从事养猪、种菜这些事，营养结构改变了，人们的身体开始变好，生活品质开始提高；同时，一些人也有了时间出外经商，甚至走出国门，拓展眼界，进一步丰富了岭南文化。

红薯与玉米这两种农作物，都是从国外引进中国，也都是先以广东为基地，才逐渐扩展到整个中国。这与粤港澳地区所在的地理位置有着密切的联系。粤港澳地区在整个中华文明体系中具有独特的海洋气质、开放气质，正是这些天然的气质，才让粤港澳地区一直处在中华文明与世界交流的前沿舞台上。

第五章 族田与祠堂

1. 族田的力量

几百年来，在番禺（今广州市番禺区）沙湾镇一带，一直流传着这样一句话：“沙湾何，有仔唔忧冇（mǎo）老婆。”“冇”就是“没有”的意思，这句话是说，在沙湾镇的何氏家族里，生了儿子将来不用发愁娶不到老婆。

以前，本地人都愿意把自己的女儿嫁到何氏家族。沙湾何氏在历史上一直家风优良，而且家族资产雄厚。每年正月十五这一天，沙湾何氏会在祠堂举行“开灯”活动。所谓“开灯”，就是在祠堂里举行花灯展示和观赏活动，其中最重要的环节是，凡上一年度内，本家族内有“添丁”的人家，也就是生了男孩的人家，便在祠堂内用特别的花灯做出标识，向全族做出宣告。同时，这一家人将会从家族的族田中分到一“荫”土地的持续性租金收入，一“荫”也就是七亩地，这笔持续性收入差不多够支撑一个孩子从小长到大的所有开支了。

沙湾这个地方，名如其地，本来是珠江三角洲下游的一块河

沙湾何氏祠堂

湾。从宋代开始，生活在这里的家族不断围垦，形成了大面积的沙田。沙湾何氏的最初发展主要得益于在岭南地区做基层官员的何人鉴，他是整个何氏家族的第56代、沙湾何氏的第一代。广东的何氏家族在唐代末年开始从北方迁来，到了北宋淳熙十五年(1188年)，何人鉴从广州迁居到沙湾。

何人鉴的第一个贡献是，他生了四个儿子，分别是何起龙、何斗龙、何跃龙、何翊龙，这四个人都考中了进士，其中长子何起龙担任过三品高官，次子何斗龙在礼部科举考试中考得第一名。人才辈出的沙湾何氏一下子发展壮大起来。在此之后，何人鉴的四个儿子分别称为沙湾何氏的甲、乙、丙、丁四房，之后又扩展到14房。

何人鉴对沙湾何氏更重要的贡献是，他用一生积蓄在沙湾买入了大量沙田作为族田。族田是一种由家族集体所有的土地，大部分家族的族田在最开始都是由少部分家族成员捐出。

随着时间的推移，家族成员不断补充，到了几百年之后的明代，沙湾何氏的族田规模已经达到需要专人进行管理的程度。族田的规模庞大，沙湾何氏以祠堂中的一幅十四字对联“阴德远从宗祖种，心田留与子孙耕”作为序号，比如第一块买进的族田称为“阴字号”，第二块称为“德字号”等。

沙湾何氏的族田之所以能够不断扩展，是因为他们建立起了一整套族田的运行办法。族田买来后，并不是由本家族成员直接耕种，而是用来出租。一般来说，族田的出租有几种方法，一种是“公开招标”，谁出价高便租给谁；另一种是“批耕”，也就是家族管理者直接找到承租人，签订承租协议。

在明清时期，中国的土地制度中逐渐出现了一种名为“永佃权”的出租方法，即很多承租者在按时缴纳租金的情况下，长期租赁某一块土地，时间久了，就获得了这块土地的“无限期租赁权”，称为“永佃权”。“永佃权”甚至能由后代来继承，一些拥有“永佃权”的佃农经常把这种权力租出去，导致一块土地有两“层”地主，土地的所有权十分混乱。在这种情况下，族田的管理者担心“永佃权”导致族田所有权混乱，影响家族未来的收入，便规定族田的出租时间不允许超过五年，到期之后必须收回，更换承租人。有的族田是“桑基鱼塘”，这种土地需要投入的维护资金较多，出租时间可以稍微增加一些，但是也必须对出租时间做出限制。

此外，还有一些家族规定族田不允许出租给本族成员耕种，因为本族内都有比较近的血缘关系，租种时间一久，族田很容易变成难以收回的私田，或者缴纳租金不及时也容易引起不必要的矛盾，引起家族关系问题。

有了族田，家族便有了以租金形式存在的持续性收入，有时候租金会用来继续购买土地，大部分情况下，族田的租金会用来开展家族公共活动，增进家族成员的联系。

家族祭祀是族田获得收入后的最基本开支项目，有的家族专门划出一部分族田，称为“祭田”，有的家族则直接称族田为“祭田”。祭祀活动作为家族仪式活动，具有明显的联络家族成员关系的作用。很多时候，祭祀活动的参与者不仅来自本家族，甚至在很久之前便已经迁走的远房支属也会赶来参加，以增进家族之间的联系。在祭祀活动之后，一般还会组织家族宴席，甚至邀请戏班来演戏。在文化活动并不丰富的时代，这是各地难得的公共娱乐活动。

更重要的是，族田作为一个家族最坚实的公共资产，可以在家族范围内搭建起具有现代意义的社会福利体系。比如《增城县志》提到，该地的家族，“祭田所入，蒸尝之外，子孙应试者给其斧资，余则贩凶饥，恤孤寡”。也就是说，家族内后代的教育，在灾荒之年的救济，因年老、丧偶失去生活来源等这些问题均可以依靠族田来解决。

佛山市三水县（今三水区）的潘氏家族在这里生活了几百年，在过去曾经建立起了本家族的族田体系，并且规定，族田的租金收入在缴纳国家赋税之后，平均分为11份，其中家族公共活动开支占一份，剩余十份按照家庭成员多少分配，“不论尊卑老幼，生则同分，死则停止”，其中尤其提道：“寡妇无子者给一丁养口，至死时尚有女未嫁，仍照分给。俟其女出嫁，毕后停给。”（《潘氏族谱》）

也有家族在族谱中专门规定：“有贫困残疾者，论其家口给谷；无力婚姻丧葬者，亦量给焉。遇大荒，则又计丁发票，可谓敦睦宗族系。”这样，在家族范围内，个人生活因为生病、年老、灾荒遇到困难时，便有了基本保障。家族作为继承社会的基本社会组织，在家族集体范围内实现了本家族成员的基本福利待遇，形成真正意义上的“守望相助”。对受资助者来说，来自本家族的物质支持，使他们在物质上更有保证，在情感上更温暖，因为血缘关系的存在，获得这种资助也更有尊严。

有了家族集体力量“兜底”，家族成员抵抗风险的能力大大提高，可以将更多精力用在读书学习上。一个人成长为有用之才，反过来又光耀了家族的门楣，为家族做出了贡献。

近代以来，沙湾何氏家族的后代人才辈出，其中有很多人对国家社会做出了突出贡献。比如我国澳门特别行政区第一任长官何厚铧先生，他的祖上便是从番禺来到澳门创业，逐渐成为澳门当地有影响力的社会人士。

2. 祠堂与家族信仰

今天，生活在广州的人都知道，广州东南有一个小岛是广州大学城所在地。这座小岛集中了广州十多所大学，从2004年大学入驻以来，这里便成了广州高等教育的中心。

以前，这所小岛名叫“小谷围岛”，“谷”本来的写法为“箍”（gū），有从四周绷紧、勒住的意思，表示这些小岛在四面都被珠江包围。本来这座小岛上有十多个小小的村落，在广州大学城的开发过程中，有些村落做了整体搬迁，但有4个村子被保留了下来，分别是穗石村、南亭村、北亭村、贝岗村。这4个村子都有一些有历史价值的建筑，其中最主要的是祠堂。

祠堂是一个家族用来祭祀祖先的场所，是家族精神的寄托。明代天顺四年（1460年），南海黄氏家族的祠堂修建完毕，族人写了《南海黄氏祠堂记》，提道：“吾侪承先世贻谋，以有今日，为子孙者，人竟殖产以自私，顾使祖宗无栖神之所，于心安乎。”在古人看来，祠堂就是已去世祖先的象征。

生活在广州大学城的大学生们多少都曾注意到这些祠堂的存在，也有一些人专程到这里参观这些祠堂。

穗石村是林氏家族聚集形成的村落，这里的人都姓林。在南宋时期，林氏祖先来到这里定居。到了几百年之后的清代乾隆二十七年（1762年）春天，林氏家族集资修建了这座“临时大宗祠”，作为全村家族祭祀的中心地。

从祠堂中留下的碑刻记录来看，林氏家族的后代认为，穗石村的祖先并不是什么高官富贾，自从来到广州大学城所在的这个小岛之后，可以说是白手起家，“淡薄开基”。从南宋时期的第一代人，到清代的第十代人，林氏家族逐渐积累了一些财富，然后逐渐建立起了本家族的族田，这样家族祭祀才有了物质保障。

穗石村的“林氏大宗祠”修建完成之后，林氏家族的祭祀活动变得更加正式了。家族祭祀主要依靠族田的收益。对此，穗石林氏做出专门规定，由于林氏祖先迁入广东的并非只有这一支，族田主要是从第十代之后才建立起来的，那么第十代之前迁到其他地区的林氏成员，便不再享受穗石村林氏族田的收益。如果这些迁走的人要亲自回来参与穗石林氏的祭祀也表示欢迎，这些活动的开支便由穗石林氏的族田来担负，这是允许的，但是这些人不能享有林氏族田担负的其他福利，比如子孙后代考中科举的奖励等。至于第十代之后，不论是在穗石村居住的成员、还是迁走的成员，都共同享有族田的收益。

一般来说，我国各地的祠堂都是在明代中期以后才修建起来的，这并不是因为明代中期以前的家族没有足够的物质基础来修建祠堂，而主要是因为在明代中期之前，国家不甚支持民间的家族开展独立的祭祀活动。在中国传统社会，祠堂在本质上就是“家庙”，一开始只有皇帝才有资格修建“家庙”，直到明代中期之后，民间家族修建家庙才获得默许，于是祠堂才大量修建起来。

自明代以来，岭南地区各地都开始大量兴建祠堂。《广东新语》中说：“其大小宗、祖祢皆有祠，代为堂构，以壮丽相高。每千人之族，祠数十所，小姓单家，族人不满百者，亦有祠数所。”“大小宗”是指古代的某个家族到了某一代有多个儿子，长子为大宗，次子及其他儿子为小宗，“祖祢”即祖先，每一代人都会争相修建祠堂。

穗石村的“林氏大宗祠”是一座有前后三个院落的建筑。在大门口有“九龙世胄，双桂家声”，这是说，在历史上，林氏家族曾经有一代有九个儿子，其中有两人曾经在科举考试中折桂。

祠堂中还有一些对联：“丕基肇自昔年，跨峻岭，控长江，虎踞龙盘，维地有灵钟秀气；方位正乎今日，背金庚，面甲木，奎明壁耀，荷天垂眷沐鸿庥。”上联叙述的是家族迁徙和选址在穗石村的过程，下联的“背金庚，面甲木”是指坐西朝东。在祠堂内部还有对联：“祖裔皆贤，南粤西河，百世雁名留翰苑；德行积厚，汉唐今日，千年兰桂泽腾芳。”这些均是彰显家族荣誉，提升家族凝聚力的意思。

北亭村目前有两处祠堂存留，分别是崔氏宗祠和梁氏宗祠。在崔氏宗祠的外边，有一则清代光绪年间树立的石碑，是当时祠堂外旗杆的基座，或者叫作“旗杆夹”。祠堂外的旗杆类似于天安门前两侧的华表，主要是作为装饰，凸显社会地位。古人树立旗杆不像今天这样方便，一般是用两个石碑状的石头作为“旗杆夹”，“旗杆夹”中穿孔，孔中穿绳，绳子固定住两个“旗杆夹”中间的旗杆。

穗石村林氏大宗祠外的“旗杆夹”

祠堂前的旗杆当然不是每个家族都能设立的，一般来说只有家族中的进士才有资格竖立旗杆。考中进士的难度很大。在清代，不是每个孩子都能读书，在读书人中，考中秀才的比例仅有1%；在秀才中，考中举人的比例只有1%~2%；在举人中，考中进士的只有2%上下。从这个比例可以计算出考中进士的难度，一个县经常几年时间都没有一个人考中进士。所以，只要考中进士，哪怕是第200多名，也是无上的荣耀，是传统社会最光宗耀祖的事。

南亭村外的古码头上保留着一座祠堂，大门口的匾额为“关氏祠堂”，而院内大堂外的匾额为“绳武堂”。“昭兹来许，绳其祖武”，这句话出自《诗经·大雅》，表示发扬祖先的精神，继承祖先的意志。这座祠堂在清代顺治十三年（1656年）开始修建，三年后才修建完工。之后，在清代晚期和近代之后曾经多次进行维修。

贝岗村的祠堂称为“松菊邵公祠”。与前述的祠堂相比，这是针对某一支派的祖先的祠堂。

3. 祠堂的体系

在霍韬家族附近的南海县西樵山脚下，有一个叫作松塘的小村子，这个村子是区氏家族形成的单姓村落，全村都姓区。

据说，本来中国没有“区”姓，这个姓本来是欧阳，唐代书法家欧阳询是他们的祖先。欧阳询生子欧阳凯、欧阳通，他们生活在唐代武则天执政期间。欧阳通在朝为官，因为坚持反对武则天将武承嗣立为太子，以“大逆不道”的罪名被判处死刑。于是，欧阳家族受到了牵连，欧阳凯便带领家族成员逃亡岭南地区的南海县避难。到了南海之后，为了躲避不必要的麻烦，先是去掉“阳”改姓为“欧”，后来又去掉姓氏中的“欠”改姓为“区”。岭南区氏家族来源的这个故事可能只是一个传说，不过区氏家族在唐代便已经开始在岭南生活，其中一支在南宋时期迁入西樵山下，随着家族成员的不断增加，慢慢形成了一个村子，便是松塘村。

从明代后期开始，松塘村构建了区氏家族的祠堂体系。第一座祠堂是明代万历（1573—1620）年间修建的“区氏宗祠”，这是整个松塘区氏共同修建的祠堂，占地面积比较大。在过去，村内红白喜事都在这座祠堂内举行。由于松塘区氏在明代便已经拥有了很多池塘、田产作为族田，所以祠堂也修建得相对比较豪华，一直是松塘一景。在《松塘古名胜纪》这本书中有描写祠堂的句子：

> 上有乔松，不知年代；高逾百尺，大可十围；枝干平垂，秀丽如伞。远而望之，如有巨人擎华盖，立于庐墓之后祠堂之前。当夫天和景明，时有异色鸟翱翔树巅，祥云为之荫护。凉飘乍起，则清声远播，满壑洪涛，凡拎顿豁。若巨风陡作，又如神龙跳舞，直欲凌空飞去，不可端倪。然屹立崇崖，并无依附，历久弥坚，真神物也。

明代初年的洪武（1368—1398）年间，松塘第五代人区广源生下三个儿子，分别是长子区名杰、次子区名暹、季子区名凯，后来分别形成了孟、仲、季三房三支。在历史上，每一房的后代都修建了属于本房的祠堂，在今天存留比较完整的为季房。

明代晚期，松塘区氏季房的后代修建了“见五大夫祠”，专门为了祭祀本房的一位祖先、松塘区氏第十二世代人区庆云。区庆云一生未曾担任过高官，也未曾考中过进士，生前只获得了有五品级别的“奉政大夫”荣誉官阶。在那时候，区庆云没有真正做到光宗耀祖，不过他一生做事耿直，每到一处，均不畏权贵，也不苟且通融，以至于在担任基层官员时被诬陷贪污，在故乡闲居了20年。正因为此，区庆云不管做什么，都特别得民心，在生前甚至就有人为他建了祠堂。区庆云去世之后，他的后代以此为荣，便在松塘村建了这座祠堂。

到了清代光绪二十年（1894年），松塘区氏季房的后人又修建了祭祀区名凯的祠堂，他是季房的第一代、松塘区氏的第六代，所以又称为“六世祖祠”。

可见，在松塘村，祠堂构成了一个体系，有“总号”，有“分号”。此外，松塘之外还分布着区氏家族的其他支属。各地的区氏家族都是这样，并由此建起了一座座属于区氏不同支属的祠堂，发挥不同的功能。

与松塘村一河之隔的不远处是阮埇村，后来属于高明县（今高明区）的区氏家族自搬到这里之后，逐渐成为本地大姓。在明代万历十二年（1584年），阮埇村区氏家族的区大相、区大伦两兄弟同时考中进士。此前，他们的哥哥区大枢也考中了举人，兄弟三人均在科举考试中取得了优异成绩，这时的区氏家族处在如日中天的时期。十年之后，兄弟几人的事业都进入成熟期，便谋划为本家族修建祠堂，其中区大相最为积极。

万历二十二年（1594年），区大相捐出一部分款项，开始修建祠堂，这座祠堂主要用于祭祀他们的曾祖父区政。区政，号乐谈，所以也称为“乐谈祠”。后来，到了清代，高明区氏的一些著名先人的牌位都曾安放在祠堂内，接受后代的祭祀。

在修建完“乐谈祠”之后，区大相又开始谋划修建一座面积更大的“大宗祠”，不过后来因为生病，身体不太好，这件事便没有再推动下去。

到了清代康熙七年（1668年），社会日趋稳定，区氏家族的后代开始再次谋划修建祠堂的事。这时候，区大相当年为了修建祠堂捐出的几十亩地还留着，可是此时的高明区氏家族已经没有了明代万历年间的那种辉煌，整个家族内连一个考中举人的人都没有，缺乏一个社会地位较高的人充当“主心骨”，所以事情进展并不迅速。直到乾隆元年（1736年），高明县的区氏大宗祠才修建完毕，这样，高明区氏历代祖先均在这里接受祭祀了。

这座祠堂的修建对于增加区氏家族的凝聚力、激发区氏家族后代的家族荣誉感起到了重要作用。到了乾隆三十五年（1770年），高明区氏终于有后代区灼然考中了举人，区氏家族的科举考试才又开始走入有所收获的时期。

在清代晚期，包括南海县、高明县等各地区氏家族的后代商议要修建一处属于整个岭南区氏家族的祠堂，最后选址在广州。在修建过程中，广东十多个县的区氏后人，共计12万人参与了这座祠堂的修建事务，前后集资共计4万多两白银。在那时候，20两银子就够农村一个小家庭一年的全部开支了，可见修建这座祠堂用费甚巨。清代光绪九年（1883年），这座“区氏大宗祠”修建完毕，成为各地区氏祠堂的“总祠堂”。

在家族发展过程中，有逐渐分散，也有不断集合，“夫一家而散为千百家，千百家而聚于一塾”(《林石家塾落成碑记》)。以祠堂为载体，每个家族在向四面八方不断扩散的进程里，又不断完成着凝聚的过程。

可以说，在以祖先为信仰的国度，祠堂便是承载信仰的空间。很多家族的祠堂已经不只是数量众多，而且形成了自身的体系，有分支祠堂，在分支祠堂之上有“大宗祠”，在“大宗祠”之上又有岭南地区的“总祠堂”，分别承担着不同的功能。

4. 香港地区的祠堂

明代晚期的嘉靖四年（1525年），定居在香港新界的邓氏家族已经在这里生活了200多年。在那时候，这里还是一片蛮荒之地，经过四五代人的努力，环境得到开发，生活日渐稳定，邓氏家族的后代也始终没有忘记自己的祖先，这一年，他们开始谋划修建一座祠堂。

邓氏、文氏、廖氏、彭氏及侯氏，这是古代较早迁入香港新界的五大家族。邓氏家族在香港的祖先是邓元和。邓元和的曾祖父是邓符，他是岭南地区邓氏的共同祖先。在宋神宗熙宁二年(1069年)，邓符考中进士，后来到高安县担任知县，便迁居到此，同时还把自己父母的坟茔也一并迁徙过来。邓符的曾孙辈共有五人，分别是邓元瑛、邓元禧、邓元亮、邓元祯、邓元和，他们的后代散居在今天的香港、深圳、东莞一带。在历史上，邓元和生活在香港新界一带，不过也有一些他的后代曾经从香港迁居到东莞一带，比如今天东莞虎门地区的树田村，由几个自然村共同组成，其中生活的都是香港邓氏祖先邓元和的后代。

据说，树田村下边的自然村——独树村，本名为“蜀树村”，居住着从四川迁居而来的人，他们希望蜀地的后代像大树一样枝繁叶茂，于是取名为“蜀树”，后来随着邓氏家族在树田村不断繁衍扩大，四川前来的人逐渐又迁走了，只剩下了邓氏家族的后代。

现在，香港和广东的邓氏家族均把东汉开国重臣邓禹作为最重要的祖先，所以邓氏祠堂的门口写有“南阳承世泽，东汉启功名”的对联。邓禹是东汉时南阳郡人，在幼时与东汉开国皇帝光武帝刘秀共同长大，成年后追随刘秀平定天下，是东汉开国“云台28将”之首，被封为“高密侯”。

新界邓氏祠堂中还有多副对联叙述家族的历史和荣耀，比如“屏翰仰闽侯，绍南阳之世胄，今朝派衍支蕃，不替衣冠隆祀典；山河开万里，承高密之家风，此日苹馨藻洁，聊将俎豆报宗功”。上联提及的“闽侯”，便是新界邓氏祠堂的修建者邓冯逊，他曾被封为福建方伯。

在邓氏家族的族谱中，东汉时期的邓禹是第47代，而到了迁居宝安的邓符，是邓氏家族的第86代。在此之后，历代邓氏家族的后人都能在族谱中找到自己祖先的位置，也就是说，今天生活在香港和深圳、东莞一带的邓氏家族成员有着共同的祖先，而且从自己开始能清楚地一代代追溯到一千年前。在历史上，他们有的人从广东迁居到香港，有的人从香港迁居到广东，不管走到哪里，都有着共同的祖先。

这是港澳地区很多家族的共同情况，比如澳门特别行政区第三任行政长官崔世安的祖父便是从新会县崔家亨村迁居到澳门的。今天，崔家亨村仍有崔氏祠堂，供奉着两地崔氏家族的共同祖先。

5. 祠堂与村落

带状村落中的祠堂

从西樵山向南十里，有一个烟桥村。烟桥村有一副对联："距樵麓十里以南，有乡贤、有画师，胜地英豪齐鹊起；计男丁六百余口，若举人、若进士，秀才文武更蝉联。"这个村子现在只有一百多口人了，以前也不大，像这副对联中说的，只有六百多口人。但从明代以来，却出了多名举人、进士。

烟桥村是一个由何氏家族聚集形成的村落，村落的格局主要沿着一条小河的东侧分布。过去，烟桥村叫作"燕桥村"，这是因为村落的布局像是一只展翅高飞的燕子。燕子的头就是保存至今的"何氏六世祖祠"。祠堂前有比较宽阔的广场，商业类的建筑沿着河流东岸分布在祠堂的南北两个方向，民居则分布在祠堂东侧，也就是祠堂的后边。祠堂的对岸，也就是河流的西侧是古代维持全村生计的果树、池塘、耕地。全村的房屋布局清楚，像是梳子一样，被很多研究传统村落的学者称为典型的"梳式村落布局"。

在传统的岭南村落之中，公共空间主要集中在几个地方，比如村落的四周、村口，以及祠堂周围。一般来说，在村落的一些不显眼的角落会有一些小小的庙宇，供养着土地神、天后宫等神祇；在村落的一些地理节点，比如村口外、村落的某个路口，会分布有池塘、塔、牌坊、树林等装饰性建筑、风景；对于村落的空间结构来说，祠堂是绝对的主导者。不知名的神祇在小小的角落中保佑村落的安全，而祠堂里的祖先则真实地存在于每个人的生活环境里。

团状村落中的祠堂

顺德杏坛镇的逢简村是一个由河流枝杈分割而成的沙洲组成的团块状水乡。逢简村曾有几十座祠堂，每块沙洲上都有数座祠堂，围绕着这些祠堂，每个沙洲上的家族便组成了一个姓氏的小小聚落。整个逢简村正是以不同的祠堂为中心组成的聚落联合体，十几个团块构成了整个村落。

相比之下，肇庆高要的蚬岗村则是另外一种“团状”格局，这种格局虽然也将祠堂作为点睛之处，不过却不是像逢简村这样分散为一个个的小聚落，而是将所有的房屋都“团”在一起，一个很大的村子只是一个“团子”。

蚬岗村有几百年的历史。生活在这里的人以李氏家族后代为主，他们将道家思想的创始人老子作为最早的祖先，于是，蚬岗村在村落布局上也受到了道家思想的影响。在历史发展过程中，这处村落的整体格局被规划建设得像一个“八卦阴阳鱼”的形状一样，被后人称为“八卦村”。

在外部环境上，蚬岗村东侧不远处是西江，北、西、南三面环山，十分符合中国风水文化中“背山面水”的思想。在内部环境上，蚬岗村的所有房屋都像树木年轮或者同心圆一样，一环一环围绕着中心点修建。中心点是一个很小的高岗，种满了榕树。从中心点开始，朝几个方向，分别有放射状的道路，同时也有一圈圈的房屋，第一圈仅有十几座，一圈圈向外共有20多圈，最外一圈则有近一百座。

蚬岗村这样的格局，与缩小化的近代西方城市布局有些接近，不同的是，近代西方城市规划大都是将同心圆的中心点作为布局的核心，大部分公共活动空间，公共文化建筑、商业活动中心都在同心圆的圆心周围，比如当代中国的许多城市也是如此，商业中心、公共文化中心都是在地理上的中心点，而蚬岗村则是相反的。

以前，最外圈的房屋外是一条环村的马路，马路外是一条几米宽的小溪。(注：该小溪现已变成几处分隔开的池塘了。）这条马路和小溪是蚬岗村最重要的公共空间。蚬岗村所有的店铺都在最外一圈的房屋中，商业活动都在这条马路旁完成，打铁的、卖米的、卖药的、卖肉的，以及一些小作坊都在这里。最重要的是，最外一圈房屋的不同方向上还分布着十几处祠堂环绕着蚬岗村，也护佑着蚬岗村。

在岭南的珠江三角洲，村落的布局总是围绕着河流而分布的，河流是村落地理布局上的灵魂，而祠堂则是村落精神布局上的灵魂。对于蚬岗村来说，沿着溪岸分布的最外圈一层房屋是全村最热闹的部分，溪流决定了蚬岗村的范围，这里的商业活动满足了人们的物质需要，而点缀在溪流旁边的祠堂则构成了蚬岗村的精神理想。

在祠堂外部都有大小不一的广场面向河流，这些广场为曾经居住在这里的人提供了多样化的活动空间。实际上，同一家族的人也大都围绕着自己家族所在的祠堂居住，构成了蚬岗村内部不同的“里”，一个“里”便是某个祠堂的后代。

6. 祠堂的功能

粤港澳地区的祠堂大部分拥有比较统一的样式，一般为“外门—中堂—后寝”的院落式布局。最外侧一般从外到内有三层建筑。

最外侧为大门，大门一般采用“门屋”的形式，既是门，同时也是一个屋子；廊道两侧为两个厢房，这是三开间的模式；也有的是五开间，在厢房两侧靠近两边的围墙处还有两个房屋；也有的祠堂会在大门的两侧开辟两处小门，在举行正式活动时走大门，在平时对祠堂进行管理维护时走小门。大门上一般悬挂有标明祠堂名称的匾额，或者用一块刻有祠堂名称的条石嵌入祠堂的门楣中。祠堂的名字有多种模式，有的是本村或者本地合建的祠堂，则称为“某氏大宗祠”；有的是某一支属修建的祠堂，则用本支属第一代的名、字、号，或者所在地点的名字作为名称；有的是专门用于祭祀本家族某个祖先的，也以该人的名、字、号，或者最高的荣誉性官位作为名称。

进入大门，是一处比较宽敞的天井，院落前边的房屋一般称为“中堂”，中堂前挂有这处祠堂的“堂号”，也就是属于该家族

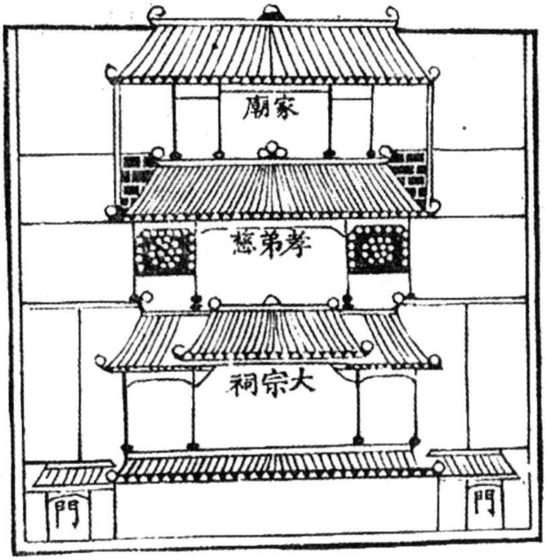

族谱中绘制的祠堂示意图

的某一个支派或者支房的名称。古人大多为各支房取了比较典雅的名称，比如蚬岗村的李氏家族有四个支房，分别为长房“经厚堂”、次房“敦厚堂”、三房“贵德堂”、四房“仁厚堂”。这些名称一般就作为匾额悬挂在“享堂”前。一般来说，中堂是比较宽敞的，因为中堂的主要功能是举行本家族的会议、宴会，以及会丧嫁娶的仪式等活动。有的祠堂，中堂外天井的两侧也修建有很宽敞的连廊，连廊的存在可以遮风挡雨；有的祠堂，在中堂门口有比较宽大的月台，类似于今天教室中的讲台，主要方便家族的长者或者管理人员发言。很多家族祠堂里中堂的两侧都悬挂有多副对联，以反映家族历史、家族精神。

穿过中堂，进入祠堂的后院，也就是“后堂”。中堂是供家族成员使用的，而后堂则是留给祖先的，这里供奉着祖先的牌位，也称为“家庙”。按照一般的规矩，后堂的地面和房屋高度都高过中堂，以表示对祖先的尊崇。一般来说，后堂的面积不会太大，后堂两侧有时候会修建房屋，用来安放家族公用物品、祭祀用品等。

对于一个家族来说，祠堂是最重要的家族公共空间，而且是独属于本家族所有的空间，非家族成员是无法进入祠堂的。而且，大部分祠堂在平时是大门紧锁的，并不对外开放，也不对本家族成员随时开放，只有在特别的日子、有了特别的事情，才会开放。有的家族平时会派人对祠堂进行打扫、维护，大部分时候，祠堂里空无一人。

祠堂的主体功能是进行家族祭祀活动。很多家族文献中对家族祭祀的日期、流程和注意事项都做了严格规定。在祭祀活动举行的前一天，家族的成员在知道明天要举行祭祀活动之后，要做一些生活上的准备，不喝酒、不吃荤、男女分开就寝。家族内派出代表前往宗祠内将各处打扫干净，并且检查修理一下祭祀用具，准备好祭祀用的香烛、祭品等。

举行祭祀活动的这一天早上，家族内成员一大早来到宗祠门外，打开大门，将一直悬挂着的、用于遮盖祖先牌位的帘子卷起来。这样，从大殿外边就能远远看到牌位了。首先，在供奉牌位的几张桌子上各自摆放一大盘时令水果，一套茶具，一套酒具。

家族内的成员全都穿上最正式的衣服，按照辈分、年龄的顺序排好队。辈分和年龄最长的人作为祭祀活动的主祭，有的家族祭祀在主祭之外还有几名陪祭。在祭祀活动中，除了主祭之外，还有负责协调全体成员行动节奏的“赞仪”。赞仪需要在每一项活动开始前后，高喊“行香”“跪”“拜”“兴”等。有的家族祭祀中将赞仪分得很仔细，有“通赞”，负责整体流程；有“引赞”，负责行动引导；有“读祝”，在祭祀活动中高声朗读祝词。这些在祭祀活动中发挥较大作用的人，均是在平日生活中有较高威望的人。一般情况下，如果家族内有科举功名的人，或者担任官员的人，或者有社会影响力的人，则会担任祭祀的陪祭、执事等职位，这对参与者来说，都是一种荣耀。

祭祀活动正式开始之前，全体成员要逐次净手。

祭祀活动的第一步是“降神”，也就是让还没有到场的祖先的神灵到场接受祭拜。具体的做法是，祭祀首领点燃一炷香，上前插在祖宗牌位前桌子上的香炉中，执事从酒壶中将酒倒入酒杯中，祭祀首领接过来，口诵“供奉先祖受祭”之类的话，并将酒洒在地上。

接下来是正式的祭祀。首先是高声朗诵祝词，有的由“读祝”朗读，有的由主祭朗读。一般情况下，祭文都有固定的模板，其内容以宣扬祖宗的恩德，强调后代应该尊奉祖先的传统为主要价值取向。

之后，主祭按照赞仪的口令，再次上香，将酒再一次奉送给祖先，并率领全体成员行礼，全体下跪、三叩首。这一般称作“初献”。

“初献”之后，还要由家族内其他重要人物继续重复“初献”的活动，称为“亚献”“终献”。

“初献”“亚献”“终献”活动结束之后，还有“送神”，也就是将祖先的神灵送走，然后将祭祀中的玉帛等物品焚烧掉，所有参与祭祀的人员向正在焚烧的玉帛行注目礼。

最后，全体成员三鞠躬，退场。祭祀活动结束。

一般来说，每年在最重要的节日会举行家族祭祀活动。在一些情况下，还有特别开展的祭祀活动，比如本家族内的人在科举考试中考中了功名、获得了升官等，有时也会举行祭祀仪式，这主要是将后代取得的荣誉告诉祖先，也就是具体化的“光宗耀祖”。

作为仪式的祭祀活动强化了家族内相互关系的认同度。一些本来已经比较疏远的同宗之人，通过共同祭祀活动，会变得更加亲近。尊重、祭祀祖先，除了拥有教化上的意义，还意味着将祖先的灵魂作为永恒存在，同时还拥有道德上的意义，可以让一个人严肃地对待生与死的问题，可以让普通人、哪怕没有文化的人，懂得自己也会死，并且反思自己平日的所作所为。

在传统时代的中国人看来，祭祀祖先有一些方面的象征意义：第一，通过祭祀活动，显现出一种传承的精神，在世之人做的事本是已逝去祖宗的继承；第二，祭祀活动能让后代获得感恩之心，在世之人所传的家、所守的业，都是祖宗开创的，家业的世泽绵长，也是祖宗积累功德所致。因此，每个家族的后代都要回报祖宗的功德。第三，通过祭祀尊宗，可以起到饮水思源的作用，可以提醒族人，不要忘了大家都是同出一祖，每一个人的身上都流淌着祖宗的血脉，有着同一祖先的基因。

不过，一个家族付出如此大的代价修建祠堂、举行祭祀活动，固然是作为敬祖尊宗的具体体现，实际上也有很多现实的意义。中国人认为，“慎终追远，民德归厚矣”。这些活动与其说是为了过去，毋宁说是为了现在，与其说是为了祖先魂灵的安妥，毋宁说是为了现实中每个人的未来。

中国人的家族祭祀不单纯是西方宗教意义上的活动，也不是单纯追求与祖先的灵魂进行交流、寻求祖先保佑。很大程度上是为了在世的人。祭祀已经逝去的、遥远的祖宗，正如孝顺长辈，在中国文化中，是一种“追溯式”的伦理，这种伦理逻辑在一定程度上显示了中国人的智慧。中国人清楚地看到，每个人最后都会老，每个人最后都会死，因此要孝顺长辈、尊重已经逝去

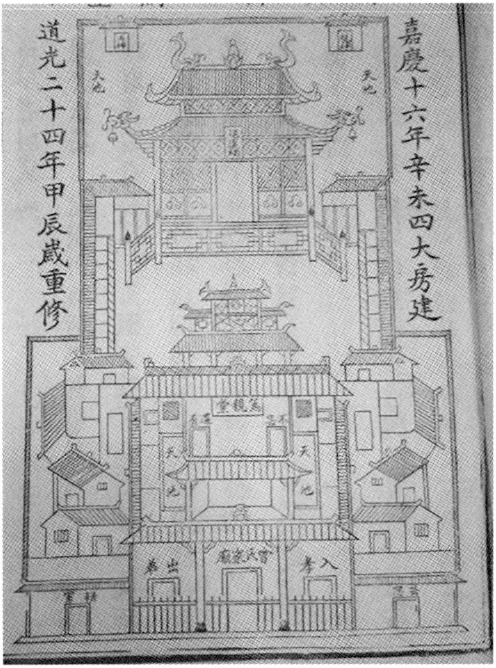

族谱中的祠堂

的祖先。而且如果这样的活动能够成为习俗，甚至能够成为一种信仰的话，那么实际上进行这些活动也就是在尊重每个人自己。因为，如果一个家族能让长辈过上好的生活，能让自己的祖先获得尊严，对于在世的人来说，也就是让每一个未来的自己获得尊严。这样，看起来是一种“追溯式”的活动，实际上却是一种面向未来的活动，是一种积极的伦理取向。这种活动能让每个人从自己的角度看到一个充满温暖的未来，是一个尊重个体人性的伦理取向。如果反过来，“追溯式”的伦理改为“向下式”的伦理，家族成员将所有资源集中到下一代身上，而让长辈成为牺牲者，如果这种做法成为一种习俗，这实际上意味着每个人在未来都会成为牺牲者，容易让家族后代对未来产生消极感。

第六章 编修家谱

1. 族谱中的历史

在一千多年前，唐代的韩愈曾经两次被贬官到广东，他将中原文化带到了广东，也结识了一批广东本地的朋友。

在第一次被贬到广东担任山阳县令时，韩愈遇到了很大的困难。初到山阳县，韩愈发现“县廓无居民，官无丞尉”，也就是县城里几乎没有什么老百姓居住，县衙门也没有工作人员，仅有的几个小差役也是“鸟言夷面”，说的都是“鸟语”。言语不通，韩愈只好“画地为字”，才勉强能够交流。那时候，汉语在各地已经形成了方言，各地的语音差别很大，来自中原地区的韩愈无法听懂这里人说话，不过因为各地汉字的写法是一样的，所以可以用笔进行交流。

就这样过了半年，有一位叫作区册的人前来拜韩愈为师，向他求教学问。韩愈喜出望外，终于来了一位可以谈论诗书礼义的文化人，甚至为之感到“不厌乎贫贱”。

有一次，区册要回乡看望父母，韩愈出外送客，写下了一篇

《送区册序》，记录了他们之间的这段交往过程。时间过去很久之后，韩愈成为历史上“唐宋八大家”之首，他写的文章传播到各处，后世的人们都在想，这篇文章中提到的区册到底是谁呢？这一直是一个谜。因为一般性的史料中均未曾提及区册这个人，近代著名文学家林纾在《韩柳文研究法》中说：“区册，生平无考，或南海一不知名之士。”

要想知道区册到底是谁，就得靠族谱的作用了。族谱是记载一个家族世系繁衍的民间文书，主要由各个家族自行编写，在历史发展过程中逐渐形成了一定的格式。族谱有很多种不同的名称，在一些情况下，族谱也叫家谱、谱牒、宗谱、族谱、家乘、世录、世谱、祖案等，名称众多，各地的说法也各有不同，但是内容体例大同小异。因为一个家族总会有不同的支系，很多支系也编写了本支系的族谱，因此有的族谱也称为某姓某支谱、某支世系，或者某房谱、某房系谱等名称，不一而足。在一些情况下，族谱也会围绕祠堂编写，主要编写某个祠堂供奉的祖先的后代，称为“祠谱”，也有的是按照某个坟茔的后代编写，称为“坟谱”。

族谱是我国传统家文化最重要的文献载体。在过去，几乎每个家庭都会有一本族谱，族谱中留下了丰富的历史资源。一个人即使没有在国家宏大历史中留下名字，却至少能在本家族的族谱中留下名字。

以区氏家族为例，区册虽然没有在中国文学发展的宏大历史中留下印记，但在他所在的家族中却是重要的人。在区册生活的时代，岭南地区能够如此热衷于中原文化，不远数百里地从南海县赶到山阳县拜韩愈为师的人，一定是当地最有文化、最有见识的人了。

因为区氏家族在历史上曾经多次修订族谱，不同支系的区氏家族也曾编写了各自分支的族谱，为后世留下了比较清楚的世系，这才能够让后人更清楚地了解到祖先一代代传承的过程。翻开广东区氏家族的族谱《区氏林石公祖祠谱》，从中可以看到编写者的序言：

> 吾宗自唐林石公以品行著南海，复从韩昌黎游，得仁义中正之旨、诗书礼乐之趣，归而教授乡里，不独开一族文学之始基，抑且导粤中士大夫讲学之先路。

韩愈即韩昌黎，区册号林石，在本家族中被尊称为“林石公”。从这本族谱中可以看到，追随韩愈学习的人便是这位南海区氏家族的祖先，而这本族谱的名字甚至就是关于区册的，可见区册在本家族中拥有很高的地位。这本族谱是清代光绪十七年（1891年）编写的，在这本族谱中，区氏家族第一代祖先上溯到了欧阳询的儿子欧阳恺（即区恺），区册被列为广东区氏家族的第六代祖先。

在另外的族谱中，比如清代道光（1821—1850）年间编写的《南海区氏家谱》，区册是第一代祖先。这本族谱还列出了区册的简单生平：“林石公讳册，字君轼，唐征士。”他生于唐代宗永泰元年（765年），卒于唐武宗会昌六年（846年），享年82岁，有三个儿子，分别叫区诏、区谏、区诰。区册一生并没有担任官职，也没有在科举考试上有所建树，不过他却是一个在本地有很高名望的文化人。从明代成化（1465—1487）年间传抄的《龙江区氏族谱》可以看到更多对区册生平的描述：“公喜读书，操持雅饬，家徒四壁，缥缃盈案，下笔为词，千百不竭，自郡守乡闾，皆重其文行。”而且，这本族谱还收录了很多关于区氏家族的文章，其中第一篇就是上文提到的《送区册序》，不过族谱的编写者们出于对祖先的尊重，将这篇文章的标题改为了《韩文公送六世祖区林石公归省序》。

千百万家庭构成了国家，但是国家在记录历史时，无法关注到所有家族，而族谱的本质是家族的历史，所以族谱可以帮助今天的人补充历史史料，进而能让后人了解到更具体的历史。有了

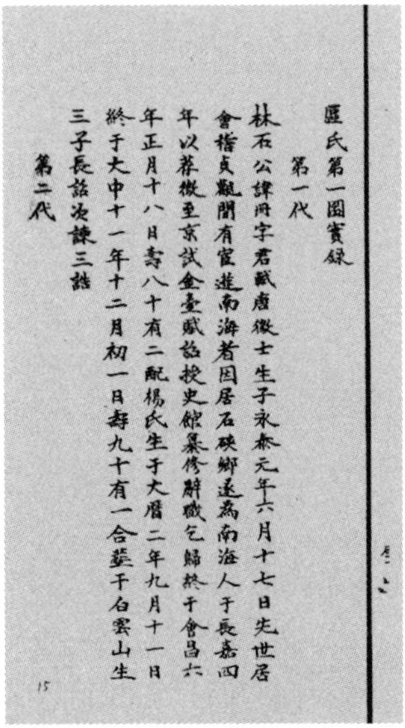
區氏第一圖實錄
第一代
林石公諱冊字君貳廬徽士生于永泰元年六月十七日先世居
會稽貞觀間有宦遊南海者因居石硤鄉遂為南海人于長嘉四
年以恭徵至京試金臺貳拾授史館纂修辭職乞歸終于會昌六
年正月十八日壽八十有二配楊氏生于大曆二年九月十一日
終于大中十一年十二月初一日壽九十有一合葬于白雲山生
三子長諮次諫三誨
第二代
15

族谱中的林石公生平记录

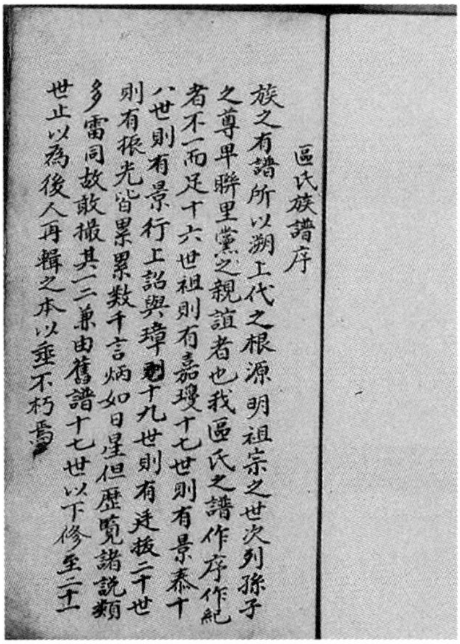
區氏族譜序
族之有譜所以溯上代之根源明祖宗之世次列孫子
之尊卑聯里黨之親誼者也我區氏之譜作序作紀
者不一而足十六世祖則有嘉璦十七世則有景泰十
八世則有景行上詔與璋十九世則有廷掖二十世
則有振光皆累累數千言炳如日星但歷覽諸說類
多雷同故敢撮其一二兼由舊譜十七世以下修至二十一
世止以為後人再輯之本以垂不朽焉

手抄版《区氏族谱序》

多本族谱中对区册生平的相互印证，后人也能更清楚地了解到以前的历史了。

2. 记忆的延伸

明代初年，区氏家族的一支迁入高明地区（今佛山市高明区），经过几代人之后，终于有一个人考中了秀才，这个人叫作区旦。这时候，高明区氏已经从一个只有几口人的小家族变成了人口众多的大家族。区旦生于弘治八年（1495年），他一生虽然只有秀才的身份，也未曾做过官，不过在那时候的高明县，全县也只有一百来个秀才，这些人是高明县本地文化、社会事务的最重要参与者。

区旦一直积极参与本地各项事务，交游广泛，加上学问又好，在高明县远近知名，也逐渐成为本家族的核心人物。到了嘉靖十四年（1535年），40岁的区旦正当年富力强时，他参考了当地大家族的做法，为高明区氏家族编写了一本族谱。这是区氏家族目前可知的第一本族谱，对于区氏家族来说，包括唐宋时期区氏家族成员的情况，以及在此之前的其他所有历史，都靠这本族谱的记载，才得以有了系统完整的传承。

有了这本族谱，高明区氏家族每个成员对自己每一代祖先的来龙去脉都开始变得清楚了，高明区氏家族的凝聚力得到加强，家族成员的荣誉感大大提升。没过几年，嘉靖十九年（1540年），区氏家族便有成员区益开始从秀才往上考中举人，后来曾经在各地担任官员，这是高明区氏家族第一次有人开始做官。

到了明末清初，顺治三年（1646年），高明区氏家族看到，距离上一次编写族谱已经过去了一百多年，新的几代人没有完整地编入族谱，人们对最近几代家族世系的认识主要靠口耳相传，难免出现混乱。于是，家族核心成员区怀瑞开始着手对旧的族谱进行系统的增编。几个月之后，族谱终于编写完毕，为了每个家族成员都能够保存一本，也为了便于与高明县之外的其他区氏家族的支派进行交流，这一次，高明区氏将编好的族谱刻成了雕版，便于印刷，也能有效避免传抄过程中的错误。

一般来说，族谱的正式编写或者修订都有固定经费的支持。对于有族田的家族来说，由家族管理者将族田租金的一部分收入拿出来，作为编写族谱的基本开支。对于没有族田的家族来说，编写族谱时采取摊钱的办法，摊钱的原则一般按照每户家庭或不同支系的实际人口数量比例，或者是进入族谱的人口数量比例，或者是进入族谱的字数比例等来进行。在大部分情况下，族谱的编写、正式修订，都会有专人提倡或者作为主要牵头人，这些人往往是家族内有所建树的人，他们在家族内威望很高，自身会带头捐赠一大部分费用，也会组织其他人的捐赠，这会解决大部分编写费用。实际上，族谱编写的过程本身也是增加家族凝聚力的过程。

不幸的是，顺治三年正是岭南地区改朝换代的时候，这一年，清军攻陷广州，随后南下，区氏家族制作的族谱刻版竟然在兵荒马乱中被烧毁了。族谱中保留了所有家族文献，所以这是家族文化的重要损失。

到了社会终于恢复平静，进入康熙（1662—1722）年间之后，高明区氏的区昌应参与了本地县志的编写，他在搜集资料的过程中发现本县很多其他大家族都已经着手编写族谱，而区氏家族的族谱却因为兵灾毁掉了。明代的旧族谱残缺不全，顺治初年新修的族谱材料大部分丢失，在这种情况下，重新编修族谱变得更为紧迫，所以，从康熙七年（1668年）到康熙八年（1669年），区昌应尽可能地收集资料，第三次编写完成了高明区氏的族谱。

这时候，高明区氏家族成员已经有几个人在科举考试中考中进士，变成了真正意义上的大家族。家族的支系众多，人口复杂，区昌应一个人的力量已经无法完成所有家族材料的收集整理，所以他在编写族谱的过程中，便委托本家族不同支系的人各自负责编写本支系的部分，最后区昌应再将不同支系的材料合并在一起，整理修订，校正错误。这是当时族谱编写的普遍做法。

又过了一百多年，到清代晚期的嘉庆七年（1802年），高明区氏家族开始组织第四次族谱编写。这次编写主要是在前一次族谱的基础上做修订，前后共用了三个月时间。编写完成之后，家族内举人出身的区灿如写了序言："捧而读之，既喜大宗小宗之源流本末厘然秩然，而又幸贤父兄之老成典型，征文考献，精核大备。"到了光绪十五年（1889年），高明区氏族谱进行了再次修订，也是近代之前的最后一次修订。此次修订的族谱目录如下：

卷1村图、八景、凡例、祠祭、坊表、古迹、条规

卷2科名、名宦、乡贤、诰敕、列传

卷3寿文、碑记

卷4文辞、诗章

卷5宗支上

卷6宗支下

卷7上世、长房、南房、东长房、东二房

卷8东三房上

卷9东三方下

卷10东四房、东五房

卷11西长房上

卷12西长房中

卷13西长房下

卷14西三房上

卷15西三房下

族谱是对一个人家族记忆的重构。一般来说，一个人对自己长辈的清晰记忆最多只能到祖父一辈，对祖父有比较清楚的印象，而对祖父的父亲，也就是曾祖父，最多只有模糊的印象了。也就是说，单纯依靠记忆，一个人对家族的印象只能回溯三四代人，更多地依靠经验，而最可靠精准的经验便是由文字编成的书籍。

正因为此，我们可以看到，从明代以来的几百年时间里，每过四五代人，高明区氏的族谱就要进行一次新的修订，因为四五代人的世系会产生很多的人口，也会出现多个迁徙活动，家族成员已经无法靠单纯的记忆来传承家族历史，而需要依托正式的文字了。正是因为族谱的存在，家族记忆、家族传统才不会随着时间推移而消失，而且能随着人口增加、家族迁徙获得不断传播。

一般来说，族谱中大部分内容都是用图表的形式呈现本家族历代祖先的世系关系，也就是每一代人的名字和相互之间的亲缘关系，称为“世系表”。一些规模比较大的族谱也会包含有家族分支情况的说明。

族谱中的“世系表”分为几种格式，分别称为“横行体”“垂珠体”“牒记式”等。

“横行体”：以表格形式呈现，每页五行，每行一代人，构成一个表。不同的表联合起来构成家族的世系。古代的文献著作大都是竖排，从右往左阅读，所以排列同一代人时也是从右往左。在有的族谱中，名字的旁边会用小字注明这个人的简要生平，比

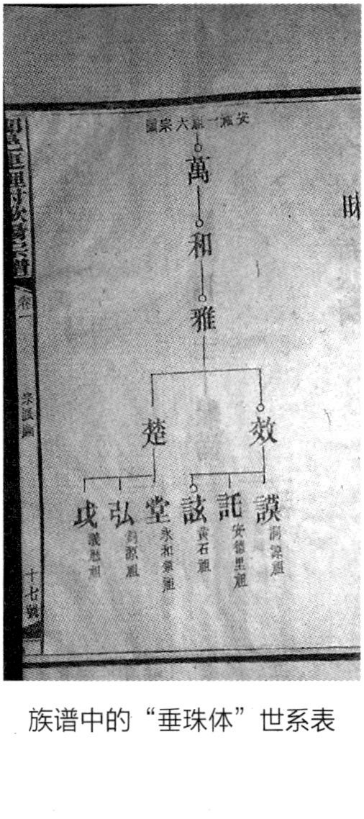

族谱中的“垂珠体”世系表

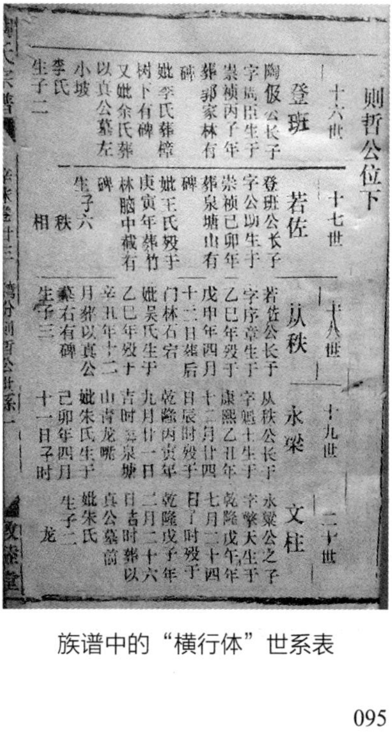

族谱中的“横行体”世系表

如出生与去世的年月、获得的功名、担任的官职等。

“垂珠体”：不以表格形式呈现，而是用线将不同代际的人连起来，按照祖先的代际关系，从古至今、从上往下排列，类似于今天的“家庭关系树”。由于下一代在上一代的下侧，像是垂下的珠子，所以称为“垂珠体”。

“牒记式”：单纯用文字来表述世系关系，每个人或每一支系一段话，描述该人或者该支系内不同人的关系。对于比较重要的人，有相对详细的生平叙述。这种方式比较节省空间，但是对于世系关系的呈现不够直观。

也有族谱的“世系表”综合了上述模式。此外，大部分族谱都十分重视本家族最初一代人的所有资料，对于第一代人都做到尽可能详细的记录。有一些族谱会将与本家族有关的文献、诗

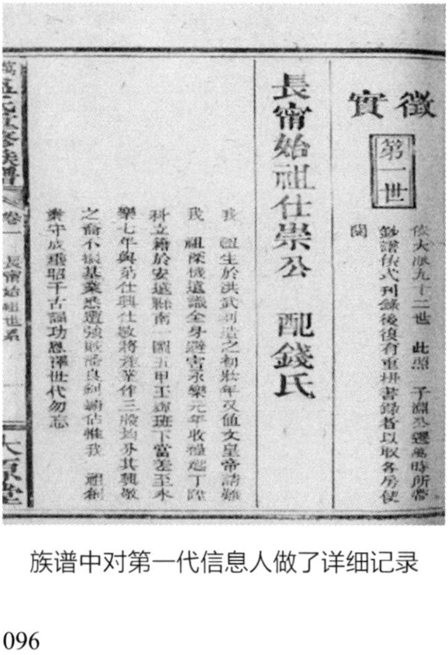
徵實
第一世
長甯始祖仕崇公　配錢氏

族谱中对第一代信息人做了详细记录

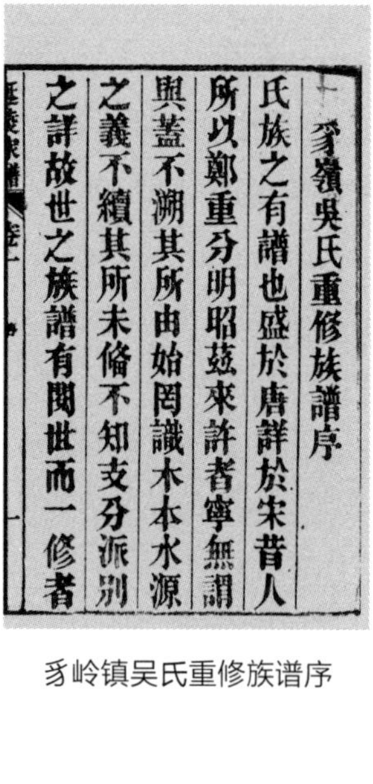
豸嶺吳氏重修族譜序
氏族之有譜也盛於唐詳於宋昔人
所以鄭重分明昭茲來許者寧無謂
與蓋不溯其所由始罔識木本水源
之義不續其所未備不知支分派別
之詳故世之族譜有閱世而一修者

豸岭镇吴氏重修族谱序

词、家训等内容也编写进来，也有很多族谱将本家族的族田、祠堂的情况以及坟茔的位置图等编入族谱中。

3. 联宗

对于很多家族来说，系统地修订族谱是一种专业性比较高的工作，需要由专人负责，统一组织进行。在正式修谱的间隙，对自己家里保存的族谱保持随时更新，这也是很多家族里一种日常性的活动。由于从现在的文献中很难找到古代岭南地区编修族谱的一些细节，在这里，我们来看一封明清时期北方谭氏家族不同支派之间的联络信，通过这封信可以看到很多当时不同支脉的家族围绕族谱开展交流的细微之处。

宜宾派愚侄绍衣顿首叩禀鸿胪派叔大人膝前万安。敬禀者：

吾家祖居丹徒，自宋逮今，二十余世矣。前灵宝公宦游豫土，遂而寄籍夷门。邑姻有仕于中州者，知灵宝公至叔大人，已传四世。植业豫会，前光后裕，此皆我祖宗培遗之深厚也。

愚侄忝居本族大宗，目今族谱，逾五世未修，合族公议，续修家牒。特以叔大人一支远寄中土，先世爵谥、讳字、行次，无由稽登，特遣一力诣禀。如叔大人果能南来，同拜祖墓，共理家乘，合族举为深幸。

倘不能亲来，祈将灵宝公以下四世爵秩、名讳、行次，详为缮写，即付去力南携，以便编次。并将近日桂兰乳讳，各命学名开示，庶异日不致互异。木本之谊，情切！情切！

顺候

合家泰吉。

外呈绫缎表里四色，螺匙二十张，牙箸二十双。宣德后家刻六种，卷帙浩繁累重，另日专寄。临禀不胜依恋之至！

嘉靖×年×月×日　侄绍衣载叩

这封信出自一部叫作《歧路灯》的清代小说，小说写的是明代的生活，所以这封信最后的日期写的是明代嘉靖（1522—1566）的年号。从上面的描述中可以看到当时的一些生活细节，虽然这封信说的是我国中部地区的家族，不过从这些细节中也可以看到当时岭南地区的一些基本样子。

这封信的开头是说谭氏家族分为两支，一支称为“宜宾派”，一支称为“鸿胪派”。在明代初年，谭氏家族有兄弟两人，哥哥担任过四川宜宾县的知县，弟弟担任过鸿胪寺卿，后来分别成了谭氏家族的两个分支。

从这封信里可以看到，这是谭氏家族宜宾派的一位晚辈写给鸿胪派的一位长辈的，在小说中，即为“鸿胪派”一支谭孝移，写信的人名叫谭绍衣。谭氏家族祖居在江苏南部的丹徒县，后来，“鸿胪派”的一位先辈从丹徒迁居到了河南中原地区，到谭孝移时，已经过了四五代人。

在当年，“宜宾派”是哥哥，所以居住在丹徒的“宜宾派”后代称为“大宗”。“大宗”有组织编写族谱的义务，但是因为与“鸿胪派”已经很久没有往来，对于最近五代人的名字、生平都已经掌握得不太准确了，所以希望过来找谭孝移了解一下情况，避免家族的两支之间在编写族谱时出现互相对不上号的情况。同时，也邀请谭孝移在方便时到丹徒区看一看，同拜祖墓。

看到这封信，谭孝移特别高兴，在他眼里，丹徒是他的老家，所以他对夫人说：“江南老家侄子差人下书。”

丹徒来人带了一些礼物，谭孝移的夫人想要拆开看看。谭孝移说，这需要先到祠堂里向祖先禀告一下才行。

于是，谭家特地打开祠堂的大门，洗干净手脸，把丹徒老家送来的礼物一件件摆在案上，点燃一支香，跪下，对着祖先的灵位说：“这是丹徒名叫绍衣的侄子托人带来的礼物。”然后把来信向祖先灵位念了一遍，并且表示自己随后便启程到丹徒扫墓，到时候再来向祖先汇报。

在明清时期，家族的远房支属之间常常会来回走动，称为“走亲戚”。走亲戚时，在看望某人之后，还有一件重要事务便是“对族谱”，也称为“联宗”。在那时，走亲戚的人会随身携带本家族的族谱，到了本宗族远房支属那里，同一宗族内两个家族的人将自己的族谱拿出来做交流。

第一，双方要交流一下最近以来自己这份族谱新补充的内容。主要是某某支属的后代前来到本地走亲戚之后，本族谱新补充的该支属的情况、该支属族谱的情况，以及本家族成员的情况。在这个交流的过程中，表面上提及的是编写族谱的相关内容，实际上叙述的都是本家族成员的情况，比如某家新添了人口、某家考中了秀才、某家老人去世等事务，在无形中便拉近了远房家族之间的关系。

第二，在交流完毕之后，双方各自要将最近以来对方族谱中有、而自己族谱中漏掉的内容抄写在自己的族谱上。

这些内容带回本地之后，会被分享给本家族的成员。这样，某个宗族内的不同分支，也就是家族便联络在了一起，成为一个整体。

一个家族经过多次代际传承、往来迁徙之后，会变得十分复杂，就像一棵大树一样，从主干分出很多枝干，不同的“枝干”之间通过各自了解的信息，互通有无，时间久了，每个“枝干”都能通过一传、二传，甚至经过几次辗转传抄获得本家族其他各个“枝干”的详细情况。

4. 字辈

清代乾隆（1736—1795）年间，梅州市五华县的邓氏家族联合本县所有邓氏家族的不同支系联合编写了一部族谱。

值得一提的是，在邓氏族谱的编写过程中，专门制定了“字辈谱”，以便于区分不同辈分的家族后代。什么是“字辈谱”呢？

同一个家庭中，长子的年龄和幼子之间可能相差不少，在时间上，长子结婚早，幼子结婚晚，到了再下一代，同一辈的人年龄差别就更大了，可能最大的人已经三四十岁，最小的一个可能才几岁大。延续三四代之后，同一代人有的已经七八十岁，有的才刚刚出生。在同一个家族中，年龄相仿的几个人，却是不同的辈分。一般来说，长子所在的支系，后代的年龄偏大；同一年龄的人对比，长子所在的支系，后代的辈分偏小。

有的家族在繁衍过程中还伴随着迁徙活动，时间既久，不同支系的后代很少见面，见面后，如果一个人无法弄清自己是家族的第几代，那便很难弄清不同人之间的辈分关系，而且同一宗族的不同支系在编写族谱时，认定的“第一代”常常是不同的。

在这种情况下，一个家族为了让不同后代能清楚地区分辈分关系，便对自己家族后代的名字做出规定，每一代人的名字必须有一个相同的字，这便是字辈谱。

邓氏家族的字辈谱从第25代开始，依次分别是：

东汉家声远元丰世德昌

士载英铭显忠良卫国光

文渊广始祖吉庆定其祥

荣茂承宗耀兰桂竞标芳

比如第25代人，每个人的名字都是叫作“邓某东”，这样每一代人不管走到哪里，只要一看名字，便知道这是家族的第几代人。

也有的家族字辈谱只有20个字，那么从第21代开始便从头再循环一次；也有的家族有不同的字辈谱，这是因为在历史上，随着家族的迁徙和绵延，不同支系各自制定了字辈谱。

5. 族谱的价值

一般来说，族谱每次进行比较大的修订时，都会有人写一个新的序言，追溯一下族谱历次编修的情况。很多族谱在历史上多次修订，也便留下了多个序言，这些层层叠加的序言记录了族谱编写的历史，为今天的阅读者提供了很多信息。

在古代，一些大家族的族谱编写完成之后，会特地请名人来写一篇序，以提升家族荣耀感。明代弘治二年（1489年），当时周氏家族在编写完族谱之后，想请广东著名学者陈献章写一篇序言，可是被陈献章拒绝了。后来，周氏家族反复多次请中间人帮忙说情，最后才知道，陈献章并非是因为与周家关系不够好才不愿意写，更不是对周氏家族有什么成见，而是因为了解到，周氏家族的族谱对本家族的历史做了过度追溯，将宋代之前很多没有确切证据的人作为家族的某代祖先。

陈献章认为族谱就是一个家族的“官方”历史描述：“家之谱，国之史也。本始必正，远迩必明，同异必审，卑而不援高，微而不附彰，不以贵易亲，不以文覆愆，良谱也。”[①]编写族谱的过程中，应该像一个国家编写历史，要做到实事求是，小的家族不要虚伪地攀附与本家族无关的大家族，在没有可靠根据时，不能把历史上同姓的名人作为自己的祖先。只有这样编写出来的族谱才是好的族谱。如果族谱编写过程中如此不严谨，就是“诬先代而诳后人”。

后来，周氏家族在了解到陈献章的看法之后，便到陈献章家中，当面表示周氏的族谱对于缺乏根据的世系关系不再做“攀附”，陈献章才答应为之作序。

在那时，广东的家族在编写族谱时，对于家族起源前后无法

①选自屈大均编《广东文选・汤氏族谱序》，康熙二十六年（1687年）刊，广州：广东人民出版社，2008年。

弄清楚的内容，一般有两种做法。

第一种做法是，编写族谱时尽量将本家族的历史追溯到最早。

五华县邓氏在联合编写族谱时，将商代分封到邓国（今河南省南阳市邓州县）的第一位诸侯作为第一代祖先，到了春秋战国时期，邓氏家族已经发展到了第35代，到了汉代，邓氏家族已经发展到了第60代，其中东汉初年的邓禹已经是第41代人，不过实际上前边的记载是后人补充进去的，并不是可靠的记录。

该族谱将生活在南宋时期的第93代祖先太乙公作为迁入广东的第一代祖先，之后，将太乙公的后代分为9个支系，也就是太乙公九大房，包含台湾、广东、福建等地在内的邓氏家族都是太乙公的后代。

但是实际上，自南宋之前的家族世系并不是那么可靠，邓氏家族之所以这样编写，主要是因为在宋代之前，邓氏家族有许多名人，对历史有重大影响，将这些名人作为祖先，可以增加家族后代的荣誉感、提高家族的凝聚力。

第二种做法是，在编写族谱时，尽量追求如实描述，只编入确定可靠的内容。一般来说，只从迁居到广东开始写起，将迁入广东后的祖先作为家族的第一代人，对于迁入广东之前的内容，尤其是无法考证清楚的家族历史便不再提及，或者只做特别简单的记录，比如只提一下祖籍源自中原某地；对于迁入广东之后的祖先，尽量只编写可靠的内容。也就是说，对本家族迁居过程中已知的内容做如实记录，不知道的内容便不再记录。

比如明初洪武二十六年（1393年），香山县（今中山等地）

的《容氏谱牒》编写完成之后，编写者尽己所能了解祖先的历史，专门写了一篇《谱系序》叙述家族最早的历史，开篇便如实地交代说："吾宗历代显名者最罕。"也就是说，我们这个家族历代并没有什么名人。随后以"从长辈那听说"的口吻叙述已知的内容：

> 闻诸父语：始祖尚公由南雄来居新会，莫知几世矣。新会有宗远、康禄、祖奇，东莞有善安，高要有容成、宗信，子孙昌盛，数百余人，皆云出自始祖尚公，传世莫能名。吾高祖六二公，妣马氏，自新会徙居香山之沙尾，所生曾祖讳光，祖聘黄总管长女为配，纳吴氏为庶，所生儿女共十二人。黄氏所生子五人，女二人。次房讳德政，吾之祖考是也。吴氏所生子三人，女二人，黄妣仁惠，十二子女不分彼此，内外称无间焉。

可以看到，编写者如实交代，最初从南雄迁居到新会之后，已经不知道经历了几代人，只是知道在新会、东莞、高要等地都有很多祖先生活。只有到了高祖这一代之后，家族的世系才能分辨得清楚，从最初南雄县的祖先到高祖这一代之间的世系，已经无从知道，那么族谱中也便不再编入。

毕竟，大部分家族都是十分普通的家族，祖先中确实没有什么名人，但是编写族谱的主要目的却并不是单纯得像历史学家编写史书一样，而是有明确的目的，希望借此提高家族凝聚力和荣誉感。如果不能够做到完全实事求是，如实编写，会影响族谱编写的效果。

陈献章当然理解族谱编写者的心理，他的做法是，在编写族谱时，肯定该家族最初的源头，但是在可靠的历史与无法考证的历史之间做出选择。对于迁居到广东之前的、失传了的祖先情况，只做出简单描述，或者不再做具体的世系排列；同时，将迁居到广东之后，或者迁居到本地之后的第一代祖先作为族谱的第一代人，这样既提升了家族的荣誉感，也保证了族谱的可信性。比如他为汤世家族写的《汤氏族谱序》：

> 汤氏，邑之著姓也。自言先汴人，随宋南渡，居岭南南雄。世远失传，今以始自南雄迁古冈者为一世祖。统以上无考。谱亡于元季之乱，续之者唐府伴读八世孙有容也，退庵邓先生序之……予惟世家之谱可观，不援不附，如汤氏，亦良谱也。内则贤妇女，外则贤丈夫，相与修缉维持，既亡而复存。汤之子孙念之，亦允蹈之。（《广东文选·汤氏族谱序》）

可以看到，陈献章对于汤氏的族谱很满意，因为这本族谱对于过于久远无法考证的祖先没有做过多攀附，而是将从南雄迁居到本地的第一代人作为族谱中的第一代人。

明代成化七年（1471年）秋天，陈献章又为新会县绿围村的伍氏家族写了《绿围伍氏族谱序》：

> 伍氏系出汴梁，先世有仕宋为岭南第十三将，卒于官，遗其二子，新会遂有绿围之伍，曰朝佐，曰朝恺，今为绿围

> 始迁之祖……氓以上世次莫详，今断自可知以氓为第一世。自氓而下，或隐或仕，垂三、四百年。（《白沙子·绿围伍氏族谱序》）

现在，伍氏家族一些支系的族谱甚至把伍氏家族的祖先追溯到三皇五帝时代，当然最早时期的代系传承是没有清楚的依据的。所以，在陈献章看来，对于生活在新会县绿围村的伍氏家族来说，最多只能说自己的祖先来自汴梁（今河南开封，即北宋都城），这是有可靠的记载的。在北宋时期，伍氏家族的祖先伍氓曾经到岭南地区做官，也就是族谱中说的“十三将”。伍氓有两个儿子，分别是伍朝佐、伍朝恺，他们二人从小在绿围村长大，后来便在这里定居下来。陈献章认为，伍氓之前的祖先是无法说清的，即使这些祖先都是伍姓，但是因为无法弄清具体的世系传承，所以族谱中也就不必再提了，以免出现错误。

陈献章是明代广东的著名学者，从学者的角度来看，不同家族组成一个国家，不同的族谱联在一起就是一地的历史，所以族谱不仅是家族记忆，而且是国家集体记忆的一部分。不过，对于某个具体的家族来说，族谱只对本家族负责，而很少有人会考虑到国家层面。家族内部的事务常常无法完全按照思想家、史学家对于历史记录的要求来进行。

岭南地区的家族发展过程往往分为几个阶段。第一阶段，迁居路途中。大部分家族在迁居岭南的路途中过着朝不保夕的日子，从北方一路南下，找到适合居住的地方便生活一段时间，仕宦之家毕竟只是少数，普通家族才是大多数，在生产力不发达的年代，能够活下来便已经十分不易，很难留下直接记载祖先世系的文字证据。第二阶段，定居初期。在定居到某地之初，努力劳动、安定下来是最主要的追求。在这个过程中，口耳相传的家族记忆一旦超过三四代人，就会变得模糊，进而会掺杂进传说性质的故事，这些故事或真或假，都凝聚着前一代人对家族未来的殷切希望。第三阶段，发展阶段。在经过几代人的繁衍之后，一些家族人口增加，在经济条件不断改善之后，也培养出了读书人，族谱往往是这时候开始编写的，但此时距离家族迁居往往已经过去了很久，没有足够的文字依据，编写过程不能做“无米之炊”，多样化地利用包括与本家族关系比较远的支系留下的族谱，将故事、传说在内的各类资料编入族谱等做法，也便成了不得已的办法。

近代以后，我国的社会结构出现了剧烈的变化，家族在很长时间内成为阻碍社会进步的标签。不过，近代时期很多家族也注意到，家族的广泛存在正是中国社会与西方的重要区别。一些族谱中提到了新时期编写族谱的价值。

比如《鹤山源氏大宗族谱》中说：“若处竞争时代，或经商而涉重洋，或从戎而适远域，甚或警传风鹤，避地图存，荡析离居，徙附外籍，历年既久，异乡相逢，竟不识为同族之伯叔昆弟，苟无谱志，虽欲询世系、考分支，亦各无凭证，是族谱之编辑在今日为尤亟也。”与古代一旦定居便安土重迁的社会相比，新时期人口流动更为便捷，因此不断有人离开本地、前往外地，甚至前往国外谋生，这些人离开本地后，如果没有族谱，在经历代际繁衍之后，会变得无法弄清同族人的关系，在这种情况下，编写族谱是更为紧迫的事情。

岭南地区面向海外，这里的家族也更能看到族谱对于增加民族认同的重要性。比如《增城毛氏家谱》中说："民之所以不轻弃其国，而甘为他国之民者，以系念乡土之情为最可恃，法律之约束、权利之羁绊皆其下者也，而乡土之念实由族制造成。"

当代很多家族也在编写族谱，也面临着和历史上同样的问题。因为种种原因，一些家族的旧族谱被损毁了，家族历史于是变得模糊不清，而且近代以来战乱频繁，人口大量增加的同时，人口迁徙更加便利、更加无序。相比之下，古代某个家族的成员在从某地向其他地区迁徙时，往往会有固定的目的地和路线，而近代以来的迁徙有很大的不确定性，即使迁居到某地之后，常常又会更换另外的地方生活。对很多家族来说，弄清最近几代人的世系情况已经十分困难，对更早时期的记载则无处寻找。所以，很多新编写的族谱也存在着很多问题，有的族谱将重点放在了对远古祖先的叙述上，但是对这些远古时期的同姓祖先与近代以来的世系并不清楚。

实际上，每一次新修族谱，其中最重要的内容是将最近几代人的世系梳理清楚，同时将最近几代人留下的最重要的文献加以保存。这并不是一件简单的事情。第一步，需要发动不同支系的后代分头开展世系的梳理工作。第二步，搜集本家族留下的旧族谱、本家族其他支系留下的旧族谱、本家族其他支系新编写的族谱等，整理、对照这些资料中留下的对族谱编写有用的材料。第三步，在地方志等地方文献中查找有关资料，补充族谱中的缺失部分。第四步，将获得的全部资料做合理的剪裁和加工。

由于对一些世系关系存在争议、对一些祖先的评价存在不同看法，很多家族在编写族谱过程中不仅没有提高家族凝聚力，反而出现了一些矛盾。利益的差异在每个时代都会存在，而只有处理好这些有差异的看法，才能真正发挥好族谱本来的功能，真正让正当的事务有助于家族团结。

第七章 制定家训

1. 霍渭厓的家训

明代嘉靖三年（1524年），从京城回到故乡南海县的霍韬，创办族田，组织“考功制”“会膳制”，为本家族带来一些新的组织方式。由于工作需要，不久之后，霍韬便返回了京城。身在京城的霍韬认为，一个家族如果想要获得长久的发展，需要有比较系统的制度，也需要一些共同的价值观作为基础，只有这样，家族才不会随着人世纷纭的变化而衰败。毕竟一个临时性的活动一旦离开了组织者便会结束。只有有了固定的制度、有了柔性的价值观，一个家族才有了精神信仰。

嘉靖九年（1530年），霍韬编写完成了面向南海县石头乡霍氏家族的家训。霍韬号渭厓，后人将霍韬制定的家训称为《霍渭厓家训》，在霍韬去世之后正式出版，作为一卷单行本，后来被收入《丛书集成续编》中。

《霍渭厓家训》大体上分为三部分，第一部分主要是针对“考功制”“会膳制”的实施方案，以及家族公共收益的使用做出的规定。霍韬为霍氏家族建立了比较庞大的族田体系，甚至建立了家族共同生产的作坊体系，这些土地和作坊归霍氏家族集体所有，每年会产出不少收益，其中一部分用于“考功制”“会膳制”，也有一部分用于补贴家族成员的生活，但并不是无限制的。比如家训中专门列出了“酒醋”主题，规定：

> 丧祭之用，宾亲之交，酒醋之用，不可不缺也。唯立之式，裨无滥。
>
> 凡公堂酒醋，量足岁之用而止，不许多酿，以资滥觞。
>
> 凡私家酒醋，八口之家，许酿各一缸，不许酿卖，以弊风俗。
>
> 凡祭，给公堂酒四瓶。
>
> 凡冠，给公堂酒二瓶。
>
> 凡嫁女，给公堂酒四瓶。
>
> 凡娶妇，给公堂酒两埕，妊产子，给酒两瓶。

可以看到，在当时霍氏家族一般都是自行酿酒酿醋，整个霍氏家族以及霍氏家族中的小家庭都会酿酒酿醋，但是家训对此做了规定和限制，根据家庭需要形成明确的数量。此外，在遇到祭祀活动，如冠礼（也就是成人礼）、嫁娶、生子等仪式活动时，根据这些仪式活动大小，也会向每家送出酒醋作为礼物。

第二部分是针对儿童教育的，后代有人将这部分单独摘编出来，称为《霍渭厓家训》，这是古代著名的蒙学著作。其中，既有对个人行为的细节性规定，比如“头容直，勿倾听、勿侧视。

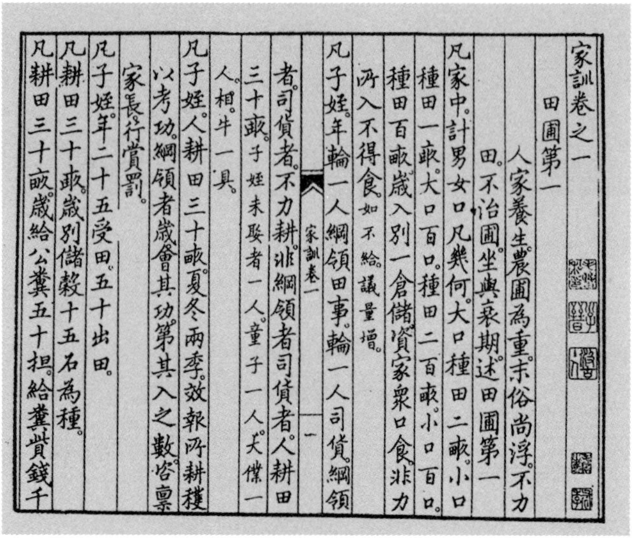
家訓卷之一
田圃第一
人家養生農圃為重末俗尚浮不力
田不治圃坐典衰期述田圃第一
凡家中計男女口凡幾何大口種田二畝小口
種田一畝大口百口種田二百畝小口百口
種田百畝歲入別一倉儲資家衆口食非力
所入不得食如不給議量增
凡子姪年輪一人綱領田事輪一人司貨綱領
家訓卷一
一
者司貨者不力耕非綱領者司貨者人耕田
三十畝子姪未娶者一人童子一人犬僕一
人相牛一具
凡子姪人耕田三十畝夏冬兩季效報所耕穫
以考功綱領者歲會其功第其入之數咨稟
家長行賞罰
凡子姪年二十五受田五十出田
凡耕田三十畝歲別儲穀十五石為種
凡耕田三十畝歲給公糞五十担給糞貲錢千

霍韬制定的家训

口容止，勿露齿、勿喧笑。手容恭，勿散手、勿掉臂。足容重，勿疾行、勿跷股”；也有原则性的安排，比如“凡训童蒙，始教之口诵，次教之认字，次教之意识。口诵即教之遍数，使勉勤精熟。认字，教之先其易者，如先认一字，次认二字，先认人字，次认天字之类。意识，即教之□□所知者启之，如孝即事亲之谓、弟即事长之谓之类”。

第三部分称为“汇训”，讲的是一些基本理念。比如，其中最重要的一部分是希望家族后代能够重视农业生产活动。其中提道：“凡子侄，多忌农作，不知幼事农业，则知粟入艰难，不生侈心。幼事农业，则习恒敦实，不生邪心。幼事农业，力涉勤苦，能兴起善心，以免于罪戾。故子侄不可不力农作……凡社学师，须考社学生务农力本，居家孝悌，以纪行实。乡间骄贵子弟，耻力田，勿强。本家子侄兄弟。入社学，耻力田，耻本分生理，初犯责二十，再犯斥三十，三犯斥出，不许入社学。”也就是说，有一些人家的孩子一旦家里富起来之后，便不再喜欢从事农业生产，而如果不能亲自参与农业活动，便不可能知道粮食生产的艰难，个人生活也会变得奢侈起来。凡是本家族的孩子，在上学后，也要从事农业生产，并且要进行考核，如果农业生产做得不好，要挨板子。

古代是农业社会，农业是整个社会的核心产业。一个家族如果脱离农业，必然会脱离整个经济生产的核心链条，这会对家族的未来构成威胁，所以霍韬才做出这样的规定。

此外，家训的最后还有祠堂事例，也就是对祠堂事务的细节安排，以及序言等。

2. 吴廷瑜的遗书

北宋嘉祐三年（1058年），迁居茂名才几年的吴廷瑜病重，在去世前，他留下了一份遗书，遗书是这样写的：

立书人，吴廷瑜，原籍福建福州府闽县西坊二图，祖讳至盛，进士，任屯田员外郎，父曰恭，叔曰宽，曰信，曰敏，母谢氏。瑜兄弟三人，瑜居长，弟曰廷宝，曰廷珍。

瑜由进士出身，官任枢密使，降调交趾海外四州知正职事。原配林氏，生长男以仁（原名判卿），次以定，三以政。

皇佑四年（1052年），广源州蛮侬智高反，寇陷诸州，遭乱休官，不得归里，但着外地安置。

瑜思居官为国为民，岂知祸在萧墙，以至父母兄弟千里睽隔，诚可痛哭流涕而长太息也，不得已携妻子至博铺乡小楼村，见此地广人稀，于是巘（yǎn ，山顶）陟（zhì，登高）降原，形势颇具，乃立室家，诒谋耕读，告官陈情，开垦招民承佃。

瑜思父母兄弟在籍，经今四十余载不能相见，未卜存亡，瑜诚何心能不悲哉？切维老身同妻已八十之上，风烛不常，合将原籍及父母兄弟，并出身缘由，与承垦征税各事迹详载，遗书三本一样，遗与三男，永远收执，上供国税，下诒孙谋，俾厥嗣用绵世泽，是为致嘱。

通过这份遗书，可以了解到吴廷瑜的基本情况。原来，他本来祖居福建福州，祖父还曾考中进士，他自己本身也是进士，在中年时期，官至枢密使，这是宋代枢密院的领导，是辅佐宰相主管全国军事的高级官员。

后来，因为朝廷中的一些问题，吴廷瑜遭到降职，到岭南地区任职，负责管理交趾海外四州。在当时，海南的琼州、万安、昌化、朱崖被称为“海外四州”，是距离朝廷最远的地方。这些地方远倒也罢了，吴廷瑜面对的问题是，这几个州被叛乱的侬智高占领了，他甚至没有办法到这些地方去就任。朝廷不允许他就此回故乡，而只能在这几个州的附近找地方先安置一下，想办法平定叛乱。

于是，吴廷瑜便在博铺乡小楼村这处地方定居下来，这里属于广东茂名。可是，来到这里时，吴廷瑜年龄已经很大了，而且常年在外做官，四十多年没有见过老家的父母。为了防备自己去世后，与老家失去联系，吴廷瑜便把自己祖上的信息、妻子孩子的信息、迁居来广东的信息，以及在这里组织人开垦耕地的具体情况列出单子，一式三份，交给三个儿子分别保存，并特别交代，对于已经开垦的耕地，按照国家规定缴纳赋税。

吴廷瑜的遗书里没有提到的是，对于降职，吴廷瑜没有怨言，对于无法到任，吴廷瑜也没有怨言，而且他在临近地区带领附近的百姓开辟了新地区，建设新环境，过上新生活。遗书里也没有提到的是，他在茂名居住了几年之后，朝廷委任他为主帅，平定了海外四州的叛乱，吴廷瑜为维护国家边疆稳定做出了重要贡献。

后来，吴廷瑜去世后，被埋葬在了广东茂名的燕子山，他的后代便在附近的上村定居下来，并尊他为燕子吴氏家族的第一代。吴廷瑜留下的遗言成为燕子吴氏的家训，吴氏家族的后代不断践行、也不断扩充着吴廷瑜遗言的精神。

宋仁宗后期，燕子吴氏家族的后代为了纪念吴廷瑜对家族，以及本地的贡献，修建了一座“扶提庙”，将吴廷瑜遗书中的精神概括为“扶持培国脉　提拔保民心”，作为对联刻在庙门口，并且取上下联首字作为庙名。

到了今天，燕子吴氏家族已经传承了四十多代人，总人口至少有10万人以上，并以茂名为中心，分布于世界各地。尽管已经过去了很久，不过燕子吴氏家族的后代仍旧以本家族的精神为荣，每年农历二月二十六日，各地的后代浩浩荡荡赶到茂名参加祭祖活动，有时候人数过多，本地甚至需要专门派出警力负责维持秩序。

3. 岭南鲜卑族的家训

南宋咸淳（1265—1274）年间，一位叫作源道贯的人带领家人从北方南下，来到广东江门的霄南村（今属广东省江门市鹤山市龙口镇）。源姓是一个很罕见的姓氏，《百家姓》中也没有这个姓。从南宋往前，再早几百年，在南北朝时期，中国倒是出现了一些姓源的人。

根据《北史·源贺传》记载，源贺本姓为“秃发”，本名为“秃发破羌”，本来是鲜卑族，“秃发”就是“拓跋”，两词是鲜卑语在汉语中的同音异义，两姓的后代是鲜卑族的两支。后来，拓跋氏建立了北魏，而源贺投奔了北魏，被当时的北魏太武帝拓跋焘赐姓为“源”。太武帝对他说：“卿与朕同源，因事分姓，今可为源氏。”“源”作为姓氏，本来表示“同出一源”的意思，后来又被太武帝赐名为“贺”。这是源氏家族的前身。后来，到了南宋时期，源氏家族的一支南下到了广东，并且在这里定居下来。

可见，江门霄南村的源氏家族是我国北方的少数民族，但即使是北方的少数民族，又南迁到岭南地区，源氏家族却始终将中国最主流的儒家思想作为家训。

源氏家族的始祖源贺在去世前为子孙留下了遗言，他说：“毋傲吝，毋荒怠，毋奢越，毋嫉妒；疑思问，言思审，行思恭，服思度；目观必真，耳属必正；遏恶扬善，亲贤远佞；诚勤以事君，清约以行己。”这些话记录在《北史·源贺传》中，为源氏家族世代珍重。

后来，生活在广东的源氏家族以源贺的遗言为基础，制定出了源氏家族的八条家训，分别是“敦伦”“亲族”“勉学”“劝职”“立品”“节用”“睦邻”“和众”。比如“敦伦”一条说：

> 读书做官固当尽道，即穷而在亦当早完国课，不犯官法，勉为良民。
>
> 父慈固也，然爱而不教，禽牲之爱耳。
>
> 其次亦要善体亲心，用力用劳，尽事亲之道；
>
> 兄友弟恭，相好而不相尤，乃为尽道；
>
> 至于出门交友，取真朋以求益，勿狎损友以害身。

“敦伦”的意思是重视人伦关系，源氏家训提到的人伦关系主要包括个人与国家的关系、父母与子女的关系、兄弟关系以及朋友关系等。

对于家族与国家的关系，在后代最出名的《朱子家训》中也说要及时缴纳国家赋税：“家门和顺，虽饔飧（yōng sūn，早饭和晚饭）不济，亦有余欢；国课早完，即囊橐（náng tuó，储存财物的袋子）无余，自得至乐。”这与源氏家训中说的即使家庭条件不够好也要及时缴纳赋税说法一致。

对于子女与父母的关系，源氏家族所说的内容在两千多年来一直是中国最主流的价值观。父母对子女，不只是单纯出于自然的疼爱，而且要尽教育的责任。《颜氏家训》中说：“吾见世间无教而有爱，每不能然。”子女对父母，《论语》中说：“今之孝者，是谓能养。至于犬马，皆能有养；不敬，何以别乎?”仅给父母吃饱穿暖还不是孝，还应做到“敬”，否则便和养狗、养马毫无区别。

对于兄弟关系，《礼记·礼运》中说“兄良弟悌”，《史记》中说“兄友弟恭”，成为后世普遍认可的价值观念。

对于朋友关系，《论语》中说，有“益友”，有“损友”。“益者三友，损者三友。友直，友谅，友多闻，益矣。友便辟，友善柔，友便佞，损矣。”正直、诚信、知识广博的朋友为“益友”，谄媚、表面奉承、花言巧语的朋友是“损友”。

源氏家训的其他内容也都能在中国文化体系中找到源流。也就是说，不管是鲜卑族还是汉族；不管是生活在北方，还是生活在岭南；不管是生活在一千多年前，还是生活在现在。中国人始终认可的基本做人原则从来不会变，而且这些原则一直都是每个人最重视的人生原则。在两千多年前，《孟子·滕文公上》提出：“父子有亲，君臣有义，夫妇有别，长幼有序，朋友有信。”自从那时以来，这些内容便成了中国人的价值观，也正是一个个家族将这些观念通过不同方式不断沁润到家族成员的生活中，这些内容也才一点点传承至今。

4. 特殊时代的家训

光绪二十四年（1898年），香山县（今中山）沙尾乡的张氏家族成立了面向本家族的“戒鸦片烟会”，并且为此制定了专门的约章，广泛昭告各地。

在鸦片战争之后，国外的鸦片大量进入中国，对中国人的健康产生了很大的危害。于是，一些有志之士成立了戒烟团体。比如在日本横滨，一些人士成立了“戒鸦片烟会”，并在广州、上海等国内很多地方设置了分会，还有澳门也组织了“澳门戒鸦片烟分会”。沙尾张氏家族成立的“戒鸦片烟会”是第一个以家族名义成立的戒烟会。

沙尾张氏的“戒鸦片烟会”全称为“沙尾大同戒鸦片烟会”，因为发起人认为“此会立意，欲人同心合力，禁止鸦片之害。不论某姓、某乡，故曰‘大同’。”不过，沙尾张氏的戒烟会主要是面向张氏家族本身的，会约实际上是一份特殊时代的家训，对家族内的三类人做出了不同规定。

对于没有烟瘾的家族成员，“各父兄率其子弟到祠，当面宣示章程，力加戒谕。自此之后，即一律不准吸食鸦片烟”，“如有入会之后，犯规沾染烟瘾者，族长、族正须随时报明会董查实，将该子弟犯规标示祠壁，并注明册籍，罚停该人祭胙，勒限一年内，将烟瘾戒断”。

对于已有烟瘾的家族成员，也需要全部入会，“素有烟瘾者，亦一律入会”。对于这部分人，可以允许暂时不戒烟，但是最重要的是，“不许无烟瘾之人与借吸烟器具吸食”“在已吸烟之床吸食一口者，罚主人银五毫”。

对于准备戒烟的家族成员，则要领取“戒烟册”，免费赠送戒烟丸，“族中已有烟瘾诸子弟，如有诚心改悔，欲戒除旧瘾者，可到会内取戒烟册，注明烟瘾深浅，由本会查实，给送戒烟丸药，至断瘾为止，不取分文”。只是，戒烟丸需要“当面吞服”，如果悔改再次吸鸦片，则要加倍罚款。

由于沙尾张氏的戒烟会是以家族名义成立的，负责人也是家族集体的负责人，所以一方面可以动用家族共同财产，用于支持戒烟的开支；另一方面可以用家族名义进行惩戒。这便提高了戒烟会的执行力和影响力。

家族并不是“保守主义”的代名词，不是只会追念古老的价值观。对于家族来说，对每个成员负责是始终不变的理念，而随着时代的变化做出变化也是必然的选择。在家族对每个人都有巨大影响的时代，通过家族的力量来阻断鸦片的传播路径是有效的办法。

5. 广东土著的家训

嘉靖十四年（1535年），佛山冼氏家族冼桂奇考中了进士。冼氏家族是一个小姓，人口不多，能有人考中进士，十分难得。冼桂奇在考中进士之后，曾在朝廷做官，后来着手为本家族制定了家训。

冼氏家族很可能是一直生活在广东本地的土著家族，至少在两千多年前便生活在这里，即使是从外迁居而来，也是很早便迁居到这里的。直到现在，冼氏家族也主要分布在岭南地区，比如著名作曲家冼星海就是佛山冼氏家族的后代，他于清代末年出生在澳门的贫苦家庭，后来奔赴延安，谱写了《义勇军进行曲》等歌曲，成为我国近代著名的音乐家。

冼氏家族在历史上一直以热爱国家为基本精神。冼桂奇认为，家训在家族中的作用就相当于法律在国家中的作用一样，而且，家训也是国家法律的延伸。冼桂奇认为："家法与国法相表里，故曰'家齐而后国治'。各房谊属同宗，犹一家之亲也。苟坏宗规，即玷祖德。治外治内，惩毖宜严。"

在历史上，冼氏家族有自己的族田，每年都会有大批公共财产的收入和开支，为此，冼桂奇在制定本家族的家训时专门做出规定，家族公共财产由各房轮流管理，在"交班之日，仍须公同核算"，并规定了如果核算出现问题的惩罚措施：(1) 如有亏空，限一月内赔偿；(2) 同事知情不举，责赔三份之一；(3) 逾期无着，责成该房绅耆查明本人家业，变卖归还；(4) 如有迟延瞻徇，照向例将该房胙金（由家族发放给各家庭的金钱和物质资助）全数扣抵。扣足之日，始行颁发，其人即革逐出祠。(5) 事理重者，如侵吞盗卖之类，禀官究追。

此外，冼桂奇还对家族祠堂的使用做了专门规定。为了鼓励本家族的后代认真读书，冼氏家族的祠堂内设置了专门的房间供家族后代在其中读书，但是在一些情况下，有人会在其中做一些其他的事情，于是冼桂奇制定家训时便规定，凡是"招集无赖，昼夜轰饮，开蟀猎，唱盲妇，喧哗打斗"，便剥夺其使用祠堂读书空间的资格，同时剥夺家族用于后代教育的物质奖励。如果是出现更严重的"开场聚赌、吸卖洋烟、窝藏匪类、坐地分赃及一切犯法之事"，则"查有实据，公同送官惩办，以肃族规"。

6. 家训的执行

正如佛山冼氏家族的家训一样，很多家族在实践过程中，形成了与家训相配套的惩罚体系，不执行家训，就会受到相应的惩罚。

古人常说“国有国法，家有家规”。家族在历史上曾经给家族成员提供了温暖的帮助体系，也通过家训形式给家族成员设定了底线，规定了不能做的事。一个家族的家训就是一般意义上的“家规”。

古代的家训有多种样式，有的叫家训，有的叫族规、家规。大部分家训保存在族谱中，也有的编写成单行本。有的家训很长，形成完整的体系；有的家训很短，只有几行字，刻在祠堂的石碑上。有的家训是以柔性的价值观为主，有的家训则涉及了具体的制度规定。有了惩罚措施的存在，不管哪种内容，家训都不是象征性的存在，而是一种时时刻刻都会发挥具体作用的行为规范。

第一，羞辱性质的惩罚。对于违反家族价值观，比如辱骂尊长、祖先这样的行为，有的家族专门制定了“惩劝薄”，对于家族内发生的好事坏事，都会写下来，做永久保存，就像是今天针对中小学生的“记入档案”一样；也有的家族将家族成员犯的错用大字写出来贴在祠堂外，通过将错误昭告天下的办法对家族成员产生震慑效应。对于犯了错的成员，有的家族甚至会要求其在祠堂前长时间下跪，或者面壁思过。

第二，财产性质的惩罚，主要是罚钱。因为大部分家族都拥有一定的家族公共财产，这些财产会通过各种方式发放给家族成员，对于违反家训的成员，停止发放这些补贴，就是财产性质的惩罚。比如冼氏家族对于在管理家族财产中出错的人，会扣发家族的补贴，直到能够抵掉出错的全部数额。在一些情况下，家训规定了家族成员不能参与酗酒、赌博、盗窃这些活动，一旦违反，便会受到惩罚，要么扣除家族内的补贴，要么还需要另外罚钱。罚钱意味着由犯错的人向家族缴纳金钱，使个人的钱变成家族公共财产，公共财产的扩大，会进一步提高家族集体在管理家族成员时的话语权。

一些家族针对特别严重的情况，比如为了谋取私利而偷盗或者损毁祠堂中的物品，私自破坏祖坟周围的环境，有的祖坟旁边是某种矿产，家族有成员会私自在祖坟旁边开挖矿产，谋取利益。针对这些情况，一般惩罚都十分严重，罚金都很高。

第三，身体性质的惩罚。中国古人认为，价值上的错误可以通过讲道理来改变，而行为上的错误无法只通过讲道理来改变，须身体承受一些痛苦才可能带来行为上的改变，所以很多家族都规定了“笞”“杖”这些惩罚。“笞”的工具一般是比较柔软的木条，比如荆条、枣树枝等；“杖”的工具一般是比较宽大的木板、竹板。“笞”“杖”以次数分轻重，根据违反家训的严重情况，一般分四五个等级，最少二十次，也就是打二十下，最多则到八十次。一般来说，初犯惩罚比较轻，再犯则加倍惩罚，比如有家族对于“好持凶器者”，“初犯，责二十；再犯，加等；三犯及与外姓斗殴，凭户长送官处治”。《毗陵长沟朱氏祠规》对于“不孝”

的行为，给予“责四十板”的惩罚，对于“不悌”的行为，给予“责三十板”惩罚。

第四，资格性质的惩罚，也就是“出族”，逐出本家族，也有的称为“削名”“出祠”等，从此这个人不能在族谱中出现，与家族脱离关系。对应到今天，这大概相当于一个学校对犯错的学生给予“开除”的惩罚措施。在今天看来，被家族“开除”并不是特别严重的事，无非是上不了族谱，但在古代这是无比严重的惩罚，因为家族对一个人来说，不仅意味着生活单位，而且意味着生产单位，家族不仅占有生活资料，而且占有生产资料，这也意味着一个人的所有社会关系都是围绕着家族关系的。“出族”的人不仅要在社会关系上离开本家族，而且要搬离本家族生活地，在今天来说相当于“净身出户”的同时，还被自己工作所在的领域彻底除名，一个人需要重新开始新的社会关系、工作技能的养成。一般来说，只有在特别极端的情况下，才出现“出族”的惩罚。

由于不同家族的家训家规内容差别很大，所以对于犯了什么样的错误、要做什么样的惩罚，不同家族的规定差异也很大，完全依据家族自身情况而定，总的来说主要是上述几种惩罚措施。个别家族甚至规定了可以对犯了严重错误的家族成员剥夺生命权，但这实际上是国家才拥有的权力。

在明清时期，家族的家训在很多情况下与国家的法律是有着相呼应的关系的。对于严重违背法律规定、违反社会风俗的行为，国家法律和家族、家训、家规都做了规定，家族的规定是国家法律的预防、延伸和补充性规定。正如《东粤宝安南头黄氏族规》规定“先家规后国法”，小的错误先由家族自行处理，大的错误也由家族先处理，处理不了的交给国家，“有犯之，为家长者当力为之惩；不率，则经投族内尊贤，拘出祠警责；又不率，则送官究治”。由于家族更了解每个家族成员的情况，也更能够做到有针对性地进行惩罚，将大的错误消灭在萌芽阶段，让一个人更早回到正轨上来。这既是维护家族利益的事，也对地方社会稳定有很大的帮助作用。

第八章 家族教育

1. 由耕而读

元代至正（1341—1368）年间，有一支区氏家族的后代迁居到了今天佛山市高明区的阮埇村。在当时，佛山、高明还只是南海县下边的一处地方，都还没有建立独立的县级行政区。阮埇村三面环山，东临西江，附近碧水环绕，环境优美，适宜居住。自来到这里之后，从元代末年到明代万历（1573—1620）的一百多年间，阮埇村区氏家族从最初的默默无闻，变成了高明县最知名的家族之一，这种变化主要得益于教育的作用。

区氏家族自迁居到阮埇村后，连续七代人都是在从事农业生产，第八代区政生活在明代中期，他有六个儿子，分别为区日球、区日琼、区日瑶、区日瑛、区日玑、区日琳。这六个儿子有的从事农业生产，有的开始专心读书，“尚儒务农，各成其业”。

其中，最小的儿子区日琳生于成化十九年（1483年），他天资聪颖，从小读书过目不忘，十岁时便能写出诗歌。有一次，区日琳跟几个哥哥在舅舅家过端午节，一起看龙舟比赛，舅舅随口说："小外甥，能不能为赛龙珠写一首诗？"区日琳顷刻间便写出了一首，而且文采斐然，亲友都说这个孩子适合读书。这时候，区氏家族人丁兴旺，物质条件也渐渐好了，于是他的父亲区政便让区日琳专心读书，不用干农活了。

长大后，区日琳考中了秀才，这是阮埇村区氏家族里第一次有人考中秀才，成为一名正式的读书人。区日琳娶了新会县易氏家族的女儿为妻，他的岳父和妻兄都是举人，是一个读书人的家庭。

后来，区日琳开始参加乡试，也想要像岳父那样考中举人，可惜没有考中。在30岁这一年，区日琳再次到省城参加考试，考试前，他梦到家门外树起了牌坊，在当时，一个家族只有出现了考中举人或者进士的人，才能在门口树立牌坊，人们都觉得这次区日琳一定会考中，可惜这次还是没有考中，从此之后，区日琳便不再去参加乡试了。

在明代中期，考中秀才其实也已经很不容易了。明清时期的秀才，也称为生员，相对来说，明代的生员录取率高一些，不同地区的录取率大概在2%~5%，也就是说每100人里，最多只有5人能考上；而清代大部分时期生员录取率都在1%~2%，考中的难度更大。

考中秀才之后，一个人无法做官，不过可以获得一些特权，这些特权基本上能保证其一生都是读书人的身份。比如，秀才中最优秀的一部分人可以领取国家的资金补贴。此外，所有的秀才可以免除徭役和人头税，后来，中国的税收政策实行"一条鞭法"，也就是只按人征收银两，再之后"摊丁入亩"，完全按土地征收赋税，对于这些赋税，秀才都是不用缴纳的。

此外，秀才还有一些政治上的优待。顾炎武曾提到说：“一旦为秀才，则免于编氓之役，不受侵于里胥，齿于衣冠，得于礼见官长，而无笞捶之辱。”也就是说，秀才们见了本地的知县，便可以不再下跪，而只需要行拱手礼。“无笞捶之辱”是指秀才即使犯了罪，也可以不必再受刑。在明清时期，“杖刑”是最常用的惩罚措施。如果必须对秀才处刑罚，则需要向本省的学政报告，由学政核实之后，除去秀才名分，才能进行惩罚。

正是因为有了这样的身份，区日琳在村里有重要角色，后人写的墓志铭中说：“乡邻有争，闲豪居间不能解，必就公质之，无不听者。”那时候，哪怕是有钱人来调节村民的矛盾都很难，但是以秀才身份出面，四周的邻居都会觉得有道理。按照那时的风俗习惯，本县的知县便是秀才正式名分上的老师，一县的秀才是知县治理本县所要依靠的群体。如果村里的事务由秀才出面，在一定意义上便代表了知县的看法，否则，一些不算太大的纠纷即使闹到知县那里，知县也没有精力解决，照样会给本村的秀才批一个条子，由秀才代为解决。

张仲礼在《中国士绅的收入》中指出，在明清时期，有绅士身份（即获得生员及以上功名）的塾师人均从业年收入约为100两银子，而那些广大的没有绅士身份的塾师，其平均年收入则不足50两银子。实际上，大部分读书人都没有秀才的身份，在当时的农村社会流行着“你去考场放个屁，也替祖宗争口气”的说法，一个读书人，只要去考场上考一次试，便意味着有了一定的身份。对于塾师来说，只要完整地参加过一次秀才考试的流程，就

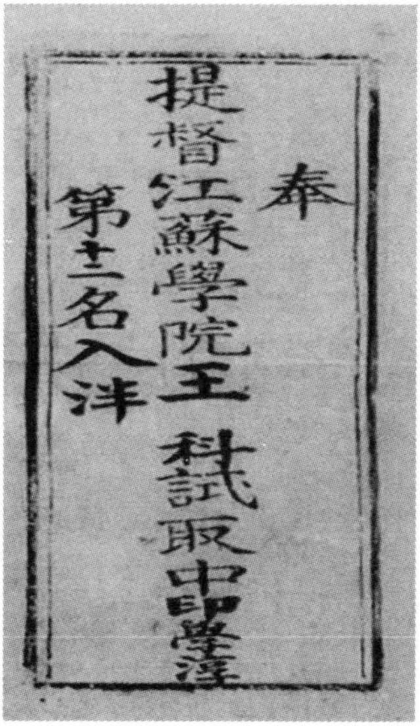

考中秀才的“录取通知书”

能有利于提高收入，因为秀才考试的流程十分复杂，考生先要在县城参加县试，淘汰一部分考生后，要再到府城参加府试，再淘汰一部分考生之后，再到府城参加本省学政主持的院试，最后还有复试，每次考生都分为很多场次。对于如此复杂的考试，考生们当然都希望有一个已经考中秀才的人来做辅导，而且每次考秀才都需要有人担保，担保人必须是已经考中秀才的人，如此种种便利，让拥有秀才身份的塾师十分受欢迎。

所以，在那个时候，只要有了秀才身份而愿意做塾师的人，基本上都能实现衣食无忧。只要对比一下当时其他人的收入便可以知道。据《宛署杂记》记载，当时社会上地位较低的工匠们的年收入大致上是这样的：

> 木匠工食银四两五钱，雕銮匠工食银四两二钱，捏塑匠工食二两五钱，妆銮匠工食银三两，油漆匠银二两三钱……

在明清时期，农村的长工一年工资大致在二两至四两银子之间，有的富裕地区工作比较劳累，工资可能超过五两银子。一年有五两银子，便可以养活穷苦人家的一家人了，而秀才做塾师一年可以有上百两银子，可以过上比较悠闲的生活。

因为秀才的身份也足够区日琳过上比较稳定的读书人生活了，所以他在30岁之后便没有再去参加乡试。他给自己取了“养闲”这一称号，过上了读书写诗、寄情山水的生活。嘉靖四十五年（1566年），区日琳去世，享年83岁。

从区日琳的一生可以看到，他已经完全接受了读书人的价值观，而不再从事农业生产。在这种情况下，只要他的家庭条件足够支持他的读书生活，那么在接下来的一代，便更容易出现读书人了，在良好氛围的熏陶之下，更容易有人考中举人、进士了。

2. 人才辈出

区日琳有四个儿子，分别是区盈、区益、区宁、区盒。到了这一辈人，区氏家族在科举考试的路上又向前迈进了一步。嘉靖十九年（1540年），区益考中了举人。在明代，考举人无比艰难，举人的录取率要低于秀才，一个家族哪怕有一个人考中举人，那么这个家族马上就会变成书香门第，甚至官宦之家了。

区益有一个小说中的同乡角色，叫范进。在小说《儒林外史》中，范进生活在当时的高要县。明代成化十一年（1475年），当时政府将高要县的一部分划出，单独设置高明县。在区日琳生活的时期，他所在的地方刚从高要县划出，成为高明县。

最初，范进生活十分贫困，缺衣少吃，在考中秀才之后，他的丈人胡屠户前来道贺，手中拿的礼物是“一副大肠和一瓶酒”。胡屠户跟已经有秀才身份的范进说话，虽然言语之间充满了骄傲，不过还没有那么“仰望”，胡屠户说：“我自倒运，把个女儿嫁与你这现世宝，历年以来，不知累了我多少。如今不知因我积了甚么德，带挈你中了个相公，我所以带个酒来贺你。”“相公”是秀才的俗称，不过即使在胡屠户这样的人看来，考中秀才便不一样了，“你如今既中了相公，凡事要立起个体统来”。

不久之后，范进又考中了举人，这次，胡屠户送来的礼物规格提高了很多，“胡屠户来，后面跟着一个烧汤的二汉，提着七八斤肉，四五千钱”。“四五千钱”大约相当于四五两银子，这是一笔不小的钱，可是这笔钱对于新考中的举人来说，只够打发报喜的人。

再看看接下来同县其他举人的动作。范进考中举人之后，同县举人张乡绅前来道贺，他说：“适才看见题名录，贵房师高要县汤公，就是先祖的门生，我和你是亲切的世弟兄。”

“题名录”就是录取名单。“高要县汤公”就是高要县知县。在当时，省城举行乡试之后，会请省城附近的府县官员，也就是知府、知县，到考场参加阅卷。阅卷时，所有试卷先是随机分为不同的“房”，阅卷人按“房”分头逐篇阅读考生试卷，将自认为符合录取条件的试卷提交给主考、副主考，主考、副主考再从中进行二次筛选。如果某一考生从某“房”被录取，那么本“房”的阅卷人便对该考生有知遇之恩，是该考生正式名分上的老师，称为“房师”；主考、副主考大多都是中央朝廷派出的一品大员，也是该考生正式名分上的老师，称为“座师”。这位张

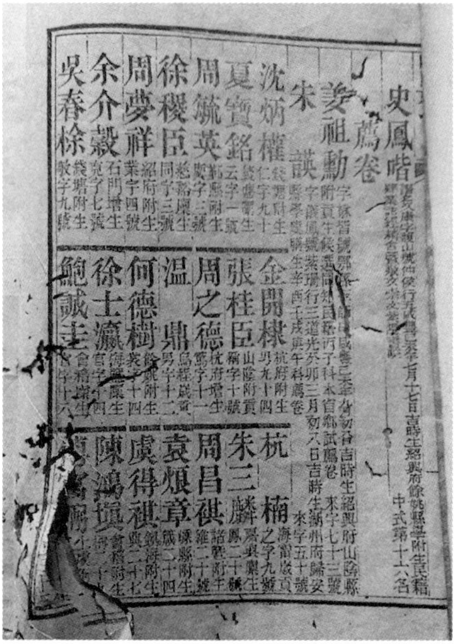

清代光绪年间残存的乡试题名录

乡绅说，他的祖上有个学生，就是现在的汤知县，如今，汤知县又成了范进的老师，在传统社会，师生关系不只是一种“职务”关系，也具有“亲情”关系的味道，所以，张乡绅和范进是“世兄弟”。

随后，张乡绅“谨具贺仪五十两”，而且说范进过得太过清苦了，“弟有空房一所，就在东门大街上，三进三间，虽不轩敞，也还干净，就送与世先生”。

在这种情况下，胡屠户对于范进便只有“仰望”的份了，在他带来的钱赏给报喜的人之后，范进怕岳父吃亏，随即赠送给他六两银子。在当时，一般老百姓用的都是“钱”，也就是现在说的“铜钱”，很少能见到银子，大概一千枚铜钱相当于一两银子，胡屠户见到银子，无比亲切，紧紧攥在手里。

在当时的称呼系统里，秀才只是称呼为“相公”，而举人则称呼为“老爷”。一个人一旦考中举人，便可以自行进出知县衙门，不用预约就能见到知县本人，而且可以与知县平起平坐了。

秀才是生活在本地的人才，而绝大部分举人都会离开故乡，或者到外地做官，或者到本地某个书院中担任“山长”。作为第一个考中举人的人，区益曾经在江西、浙江担任知县，后来又升任广西、浙江等地的知府，成为阮埇村区氏家族第一个在外做官的人。

一个家族有了这样在地方社会担任领导的人员，便可以说成为本地望族了。在整体积极上进的氛围之下，区日琳的哥哥区日玑的后代也有考中秀才的，在此之后，区氏家族在读书考科举的路上，开始出现“集团式”的爆发。

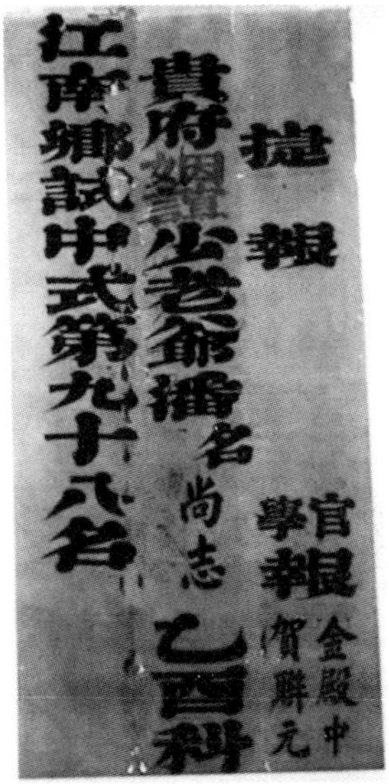

报条

3. 学优则仕

区益有四个儿子，分别是区大标、区大枢、区大相、区大伦。他们在区益考中举人之后陆续出生，随后不久，他们几人就创造了岭南地区科举考试历史上的奇迹。

明清时期的乡试和会试都是三年举行一次。省城举行乡试，乡试录取称为举人，第二年，举人到京城参加会试，再录取称为进士。万历元年（1573年），又是一次举行乡试的年份，这一年，区益的两个儿子，即次子区大枢、三子区大相，同时考中了举人。要知道，那时候每个省每次乡试有上万人，万历元年这一届，广东全省只录取了75名举人，这个人数比清华北大每年在广东的录取人数还要少。阮埇区一个村就占了两人，而且两人是亲兄弟，弟弟区大相这一年才只有24岁，可谓前途光明而远大。

接下来，到了万历十年（1582年），区益的四子，区大伦也考中了举人，这样，四兄弟中已经有三人考中了举人。阮埇村区氏家族自元末迁居到这里以来已经200多年了，不过，在前200年里，连一个秀才都没有考中。到了1540年才第一次有人考中举人，而在万历年间，竟然先后有三个亲兄弟分别都考中了举人，区氏家族由此开始成为本地的著名家族。

不过这还不算完，在那个时候，一个人只要考中了举人，那么理论上便获得了参加每次会试的机会。会试三年一次，只要这名举人愿意，就可以每次都报名参加。不过，最大的问题是，从广东赶赴京城参加会试，各项费用不菲，一般家庭是无力承担的，即使有朋友、前辈愿意给予支持，往往也只是支持一两次。而且，因为各级科举考试的录取率都很低，一个人要参加会试，势必需要一直用功读书，而不能参加生产、不能去挣钱，所以只有家庭条件相对比较好的情况下，或者一生都认定了要考进士的人才会多次参加会试。由于阮埇区氏家族在此之前积累了比较好的物质条件，形成了比较好的读书氛围，所以区益的几个儿子一直在参加会试。

最后的结果是，次子区大枢一直没有考中进士，三子区大相在参加了五次会试之后考中了进士，四子区大伦在参加了三次会试之后考中了进士。从区大伦考中举人之后，也就是万历十一年（1583年）开始，他们兄弟几人每次都是结伴到京城参加会试，终于，在万历十七年（1589年）这一届会试中，区大相和区大伦同时考中了进士。这一年，哥哥区大相40岁，弟弟区大伦38岁。

在明清时期，一个人考中进士后，如果考的名次靠前，就会留在朝廷的翰林院继续进修三年，三年之后经过筛选，多在中央朝廷各个部门任职；如果考的名次不那么靠前，那么就会根据情况分配到各地做官，以知县起步，相对来说比在中央朝廷升职慢一些，大部分人最后都能升任到知府这样的层级。

区氏家族考中进士的两兄弟里，区大相名次相对靠前，考中进士后，在翰林院进修三年；结束后，考核成绩很好，继续在翰林院正式任职，成为从七品翰林院检讨。在明清时期，翰林院是整个朝廷最“清要”的机构，在其中任职的人虽然官位级别比较低，但因为几乎所有宰相都是从翰林院走出来的，所以这几乎是一个朝廷核心成员预备培训基地。

在翰林院工作三年后，区大相升任到詹事府工作，先是担任詹事府左春坊赞善，从六品。詹事府是明代负责处理太子日常政务和皇室内务工作的部门，是朝廷核心的部门之一。可以说，大部分宰相任职路径都是如此，先在翰林院，再到这样升任较快的皇室机构迅速升高官级，再调任六部，担任中层领导，逐渐成为六部的主要领导，进而成为朝廷核心成员。三年后，区大相再次升职，成为左春坊中允，正六品；三年后，区大相仍在此任职。

到了万历三十三年（1605年），区大相接到调任通知，要他到南京担任太仆寺丞，仍是正六品级别。太仆寺是明代的马政机构，本来，马匹在当时是十分重要的，由战马组成的骑兵是整个部队最精锐的部分，不过在承平时期，这并不是朝廷核心部门，而且就任的地方在南京，明代在南京设立了和北京类似的机构，实际上有关政务很少，很多在官场不得意的人便被排挤到南京任职，南京设置的各个机构都是边缘化机构。

本来区大相升任到詹事府工作，前途一片光明，可是为什么在担任左春坊中允三年后职务没有任何变化，而在第二个任期结束后，甚至被排挤到南京呢？这跟他弟弟有关系。

区大相的弟弟区大伦考中进士的名次相对靠后，于是被分配到山东担任知县，正七品。在任期间，他勤政爱民，工作成绩突出。到了万历二十三年（1595年），区大伦被调回到中央朝廷，在都察院任云南道监察御史，本来从地方调回中央朝廷，一般意味着被重用，不过区大相的为官经历却出现了重大波折。

这要从万历皇帝说起，万历皇帝登基后不久，就跟大臣们在立太子的问题上形成了矛盾，表面上是就“立哪位皇子做太子”这件事有矛盾，背后则是朝廷事务决策权之争，由此，皇帝与大臣形成了长期拉锯战。从万历十五年（1587年）开始，万历皇帝为了向大臣表达自己不配合的意思，开始长期不出面参与国家公共事务，不举行公共祭祀活动，不上朝，只在后宫处理必须处理的朝廷核心问题。

在区大伦开始担任监察御史这一年，万历皇帝甚至请人替代自己去举行“郊祀”仪式，也就是皇室的祭天、祭地活动，本来这是只有皇帝本人才能举行的活动，可是万历皇帝却不当回事。于是，区大伦在这年年底连续写了两封奏折，公开反对万历皇帝的做法，然后，被罢免了现任官职，顺带也牵连了他的哥哥。

被罢官后，区大伦回到高明县阮埇村居住，而此时的区大相才刚刚开始在詹事府任职，本来应该顺利进入上升渠道，却因此而迟滞多年，直到后来，终于被排挤到了南京。到了万历三十六年（1608年），区大伦的哥哥区大相在朝廷任职近20年后，也称病辞官，回到了故乡。万历四十四年（1616年），区大相在故乡去世，享年67岁。

区大伦在阮埇村闲居了二十多年，热心公共事务，扶危济困，为家族建设做了很多贡献。到了新皇帝天启皇帝登基后，他终于再次被起用，担任南京太常寺少卿，正四品。尽管官位级别提高不少，不过毕竟只是南京的闲职，更重要的是，这已经是天启元年（1621年），区大伦已经是70岁高龄了。不过，在恢复职务的第二年，区大伦便再次写奏折，痛陈朝廷事实，他的奏折被天启皇帝看到，随即奉调进京，担任大理寺少卿，正四品。大理寺负责全国刑法事件的审核和裁定，是朝廷的重要机构，大理寺少卿是仅次于正卿的领导。不过，天启年间正是我国历史上宦官专权的时代，这时候，很多重要部门都是与魏忠贤关系相近的

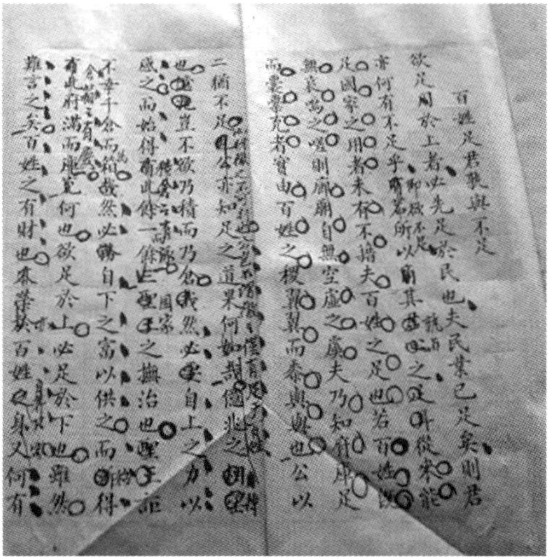

清代儿童写作练习

人在任职，他们不允许大理寺突然安插区大伦这样的人进来。于是，区大伦再次被调任南京，名义上升任为南京户部左侍郎，正三品，实际上却是被排挤出核心部门。即使这样，区大伦在南京照样写奏折，揭发南京户部长期积压的问题。几年后，天启六年（1626年），区大伦被以搞“朋党”的罪名革职。他再次回到故乡，两年后，区大伦在故乡去世，享年77岁。

区大伦一生在故乡仗义，在朝廷执言，他常向人说：“吾生平惟二事：一崇正学，二佐太平。”区大伦担任的职务是区氏家族所有成员曾经担任过的最高官职，他一生的经历和选择，也是区氏家族后代宝贵的精神财富。

4. 耕读传家

自唐宋以来，几乎每个家族都有类似于区氏家族这样的经历。一个家族最初只是从事农业活动，随后逐渐积累财富，在家庭条件变好之后，家中开始有人专心读书。在这种情况下，家中天资聪颖的后代能够考中秀才，成为本地有影响的人。这个过程有的持续很久，有的持续时间相对短一些。随后，有的家庭物质基础更加牢固，一些有读书氛围的家庭，或者物质条件好的家庭，开始有人考中举人，甚至考中进士，从而成为一个在本地有影响力的大家族。

可以说，勤于劳作是一个家族维持基本物质生活的根本，而读书参加科举考试，是一个家族维持兴旺的根本。一个家庭中，有了在科举考试中获得秀才身份的人，才能在本地拥有话语权，比如能够保证家族的土地、林木，以及其他财产不因种种不可预知的原因而受损失；而一个家庭中有了在科举考试中考得举人身份的人，就能走出家族，与本地社会关系形成网络，比如范进考中举人后，本地的乡绅马上就与之形成了“世兄弟”的关系，举人的老师或者是本地的知县、或者是本地的知府，这些关系是维持家族兴旺的重要路径。

隋唐以前，官职主要靠推荐，隋唐以后，科举考试逐渐成为最主流的官员选拔路径。唐代的科举考试没有“糊名制”，阅卷人能看到考生试卷的同时，也能看到考生的姓名、籍贯。宋代以后，国家开始严格执行“糊名制”，科举制度也变得越来越严格。清朝末年，政府各项活动均有一些制度漏洞，人员腐败已经十分严重，但是科举考试仍旧十分严格，即使到了光绪（1875—1908）时期，朝廷还因为一次在今天看来并不是十分严重的问题而将一位宰相判处死罪。在上千年的时间里，科举不只是担负了选拔人才的使命，也成了维持社会阶层流动、维护社会正义的最根本办法。

在那时候，每个有理想有追求的家族都明白教育的价值，明白科举考试的重要性。在小说《红楼梦》里，贾府的长辈始终都在要求，甚至是逼迫家中的后代，如贾宝玉、贾兰等人努力读书。此外，贾府还在附近设立了一处义学，《红楼梦》里是这样说的：“（这所义学）原系始祖所立，恐族中子弟有贫穷不能请师者，即入此中肄业。凡族中有官爵之人，皆供给银两，按俸之多寡帮助，为学中之费。特供举年高有德之人为塾掌，专为训课子弟。”也就是说，只要贾府中有后代想要上学，便可以到这里来，而且不收学费，义学的经费由贾府有官职的人分摊，贾宝玉也曾在这所义学中读过一段时间书。

在明清时期，由家族统一设立义学或族学是很多家族通行的办法。为了保证族学的运转，很多家族还为族学专门设置了学田，用土地租金收入维持族学的运转，保证家族后代有好的教育。比如近代著名将领叶挺，本来不叫叶挺，本名叶为询，字希夷，后来他进入本家族开办的挺秀书院读书，于是改名为叶挺。这段经历成为叶挺个人成长过程中最重要的教育经历。

实际上，教育是十分耗钱的。《红楼梦》中贾府的义学一直运行不良，贾府中有官职的人可能没有按规定分摊义学运行所需的经费。在《红楼梦》的开篇，秦可卿临终前，她最担心的事情便是义学，她向家族负责人王熙凤交代说，义学缺乏足够经费："依我定见，趁今日富贵，将祖茔附近多置田庄房舍地亩，以备祭祀供给之费皆出自于此处，将家塾亦设于此。"秦可卿想出的办法是为义学设置学田，以维持日常运转，但是她的建议没有得到实施。因为缺乏经费，所以贾府的义学一直没有聘请良师，而只是由贾府辈分比较高的贾代儒负责。他年龄已大，体弱多病，年老意荒，管理松懈，方法失当，经常因为家事随意处置义学中的事务，对学生的种种问题不闻不问。义学中的学生鱼龙混杂，没有人真正认真读书。连外人都能看出来，贾府"这样钟鸣鼎食之家，翰墨诗书之族，如今的儿孙，竟一代不如一代了"。

对于无力设置族学的普通家族来说，则使用其他的办法来促进本家族后代努力读书。一种是"结果导向型"的办法，即对认真读书，在科举考试不同阶段获得成绩的家族弟子给予奖励。比如资金不够充裕的小的家族，对于考中秀才、举人、进士的家族后代分别给予数额不等的奖励，在科举考试中考得的级别越高，奖励也越多；资金相对充裕的家族，资助的费用额度多，范围也广，有的家族里，一个人哪怕只参加童试，便能获得资助。一种是“过程导向型”的办法，由家族出资，设立“文会”制度，科举考试主要是考查写作能力，所以一些家族便定期聘请名师，专门针对本家族后代的文章进行集中点评、修改，以此为办法，也要求家族后代定期提交文章、开展交流，在交流中提高文章水平。

此外，有的家族无力自己开办族学，便联合几个家族共同开办一所学校。有的几个家族则联合起来将祠堂改为学校，或者在祠堂内设置一所读书的场所。《岭南冼氏宗谱》中说：“乾隆三十七年（1772年），巡抚张彭祖以城内合族祠类多把持讼事，挟众据官，奏请一律禁毁，于是各姓宗祠多改为书院。我祠之以书院由于此。”本来祠堂只是家族内的祭祀活动场所，后来有一些家族甚至设立了几个姓氏的联合祠堂，

清代文会成绩单（左侧写有奖励金额）

这些祠堂的功能超出了家族的范围，成为垄断地方社会管理的机构。这引起了政府的警觉，于是这些家族便着手将联合祠堂改为书院，聘请老师，将祠堂变为供家族后代读书的场所，促进后代的成长。

第九章 家书家信

1. 陈献章的家书

陈献章，字公甫，是新会县（今江门市新会区）白沙村人，人们称他为陈白沙，或者尊称为“白沙先生”，是广东历史上最重要的思想家之一。陈献章不像张九龄、韩愈他们只是短暂在广东停留，陈献章从小就生活在广东，认可自己就是广东人，他的祖上在宋代便从北方迁居到岭南，到了陈献章这一代，已经有几百年了。陈献章是明代著名的思想家，一生主要从事教育工作，弟子遍布全

陈白沙塑像

国各地。

陈献章在从事教育活动的同时，也重视对本家族弟子的教育。不过，由于他坚持“只对青山不著书”的主张，所以陈献章一生都没有完整的学术著作，但他很喜欢写诗，作为一个思想家，竟然写了几千首诗歌。在家庭教育方面，现存的文献也是以诗歌为形式的。其中，最重要的一篇是《戒懒文》，原文如下：

大舜为善鸡鸣起，周公一饭凡三止。
仲尼不寝终夜思，圣贤事业勤而已。
昔闻凿壁有匡衡，又闻车胤能囊萤。
韩愈焚膏孙映雪，未闻懒者留其名。
尔懒岂自知，待我详言之。
官懒吏曹欺，将懒士卒离。
母懒儿号寒，夫懒妻啼饥。
猫懒鼠不走，犬懒盗不疑。
细看万事乾坤内，祗有懒子最为害。
诸弟子，听训诲，日就月将莫懈怠。
举笔从头写一篇，贴向座右为警戒。

这可能是陈献章在教育活动间隙，专门为本家族弟子编写的一篇顺口溜。陈献章先是列举了早期中国的三位最重要的人，大舜、周公、孔子，大舜在鸡鸣时便起床；周公为了接待客人，一顿饭中间停止三次；孔子终日思考，舍不得睡觉。接下来，陈献章又列举了汉唐时期的思想家，在汉代，匡衡凿壁借光、车胤抓来萤火虫照明，唐代的韩愈点蜡烛学习，所以每一种角色都不能懒。陈献章希望这篇顺口溜能够成为每个弟子和家族后代的座右铭。

几百年过去了，这篇文献对白沙陈氏家族一直产生着重要影响。直到2019年，陈献章第14代孙陈兴达还说：“我们也一直这样做事、做人，他告诫我们做人不能懒惰，做官不能懒惰，做父母也不能懒惰，就是做阿猫阿狗也不能懒惰……所以，从小到大，到后来工作、退休，不管做什么事情，我都要求自己不能懒惰。”陈兴达说自己仍旧生活在白沙村，这是陈献章曾经生活过的地方。

此外，陈献章还写作一篇《示儿》，原文如下：

张公九世尚同居，忍字专书一百余。
受唾由来称长者，而今市辈却嗤余。
姑也须烹妇也炊，采薪负水是男儿。
吾亲日夜伤离别，争得肝肠冷落时。
百亩荒田力不支，如何千亩更营私。
相寻利害无穷日，慎勿逢人乞面皮。
门前宾客偶相投，忽忽浮生五十优。
君贵我贫俱是分，敢将丘壑傲王侯。
俯仰天人不敢言，直持素履到黄泉。
儿曹无问前程事，若个人心即是天。
圣心太极一明蟾，影落千江个个圆。
五十年来如梦觉，临岐更出示儿篇。

在这篇诗歌中，陈献章向家族后代讲述了几方面的内容。

第一，家族内部分工合作，一起生活，相互之间不免有一些矛盾，对于这些应相互忍让。陈献章开篇举出唐代张公的例子，传说张公家族九代同堂，他写了一百个“忍”字，认为这是能够维持九代同堂的法宝。

第二，对于自己的生活和他人的生活，有人贫穷，有人富贵，只需要尽个人力量便可以了，而不必追求一定比他人强，因为对于每个人来说，“心”便是“天”。

2. 湛若水的家书

陈献章的学生满天下，其中一个学生是湛若水，他也是广东地区著名的思想家之一。湛若水与南海县的霍韬是儿女亲家，湛若水的三子娶了霍韬的女儿为妻，湛、霍两家都是当地著名的文化世家。

明代弘治十三年（1500年），陈献章去世后，34岁的湛若水甚至为之服丧3年。后来他一直在外读书、做官，直到嘉靖十九年（1540年），才回到广东。不过，在回到广东后，他也没有在家中闲居，而是大部分时间都在各地讲学。因为经常都不在家中，所以湛若水时常靠写信跟孩子交流。比如嘉靖二十五年（1546年）七月，湛若水给儿子湛柬之写信，信中提道：

> 近年人情上下日非，族中生事，乡里诈冒，名皆归我，忌者因起谗谤。念西樵昔年卜筑方毕，遂起赴京，未得饱

居，埋没尘土三四十年。今老矣，栖栖何为？遂令人完灰砂石椁于天蚕岭，又令人起长生于广，每岁一漆，坚固免累子孙也。今年五月十六日，发愤携汝母入烟霞洞旧隐居之。……府考发案，涞之名在第一等第十，湘之名在第二等第一，稍可慰怀。

写这封信的时候，湛若水年龄已高，他向儿子诉苦，说人心不古，家族中事务繁杂，故乡所在地也有人打着他的名号做坏事，给他带来一些不好的影响。于是他想起早年在西樵山曾经盖过房子，后来因为一直在京城做官，没有来得及住，现在年龄大了，想着不要在外边奔波了，应该去山里隐居，免得世事纷纭。在这封信里，湛若水还提到，他已经在天蚕岭请人把棺材做好了，每年都会请人刷一遍油漆，十分坚固，不用后辈操心。在那时，老一辈人都希望自己把棺材准备好，也并不忌讳跟晚辈谈论自己的棺材。

在这封信的最后，湛若水还提及说府试发榜了，考试结果十分令人欣慰。湛若水有三个儿子，分别是东之、柬之、涞之。在这次府试中，三子涞之考了一等第十名，还有湘之（可能是家族中的侄子）考了二等第二名。那时候，考秀才要经过县试、府试、院试，共三级考试，每级都有一些淘汰，在府试中考试成绩如此优秀，意味着离考中秀才不远了。后来，湛涞之果然考中了秀才，并且通过自己的努力成为广州府的廪生，也就是秀才中最优秀的一批。

3. 康有为的家书

康有为是广东南海县人，世人称为“康南海”。在历史上，康有为最知名的活动便是在中日甲午战争后发起领导了“公车上书”，之后便参与了“戊戌变法”，一直在各自组织社会活动，没有回南海故乡。

在此期间，他靠书信跟家人沟通。1896年冬天，他给女儿康同薇写信说：

> 四禀俱收，惟皆迟两三日乃到。闻吾在澳七月所寄之书尚未到，信馆之误甚矣。七日内有数函极要，又十日寄一函复收书者，未知收否？
>
> 西南抵项，必是二公，吾安有此，可不理。
>
> 阿悦若三姊已有处置，则听之；否则嘱其来澳，自有处置。
>
> 祖母何日返乡？
>
> 二姑应月支五两，三叔带回银百元若除交抬椅税，应七十，有收否？
>
> 可敷各用，余俟设法再筹。
>
> 此间议西人甚多，彼亦极殷勤，并见其家妇，将来来住不患一切，语言文字不患不通也。汝现在仍以多读中书，学习中国文章，俾可充报馆主笔之才为最要。易一语言不正，又不能多来，此事少令勿来，或每日一点钟便可，不必

专习西。璧便以多读书为先，西文从缓也。《时务报》可观，即学之。

诸母、诸姑、汝母暨各人想安善。

康有为有两个女儿，分别是康同薇、康同璧。这封信是写给康同薇的，也提到了康同璧。康有为在信里先是提了往来家书的情况，有一封在澳门写出的信，康同薇表示尚未收到，康有为抱怨信馆。

随后，康有为在信中对一些家事做了安排，有的事情不必理会，有的事情应做处置，又交代了一些资金上的事。最后康有为谈到在澳门的见闻，以及对康同薇学习生活的交代，希望康同薇多读中国的书，虽然西学已经广泛进入中国，但是用一部分时间学习外国语言就可以了。至于康同璧，也提到让她先多读书，而不必着急学外国语言。

康有为像

在“公车上书”几年后的1898年，康有为参与的戊戌变法失败，他只好逃亡海外，成为朝廷的通缉犯，直到1913年才回国。在海外的这些年，他只能依靠书信与家里沟通消息。

有一次，他接到家书，说本家族的一位叔叔康达让去世了，本来他与这位叔叔关系甚好，后来却很多年没有见面，而这次却听到了噩耗，于是便给这个叔叔的孩子，也就是他的族弟写了一封信。这封信说：

自墨还纽，惊闻伟奇二叔溘逝，痛割肺腑，数十年同学同游，于骨肉宗亲中尤为亲昵。叔才学深博，澹不仕宦，超然自足，有古人之风，尤能文，著书足自豪以睥睨一世，惜以患难相波及而无以益于叔也，又不能亲助丧事，永日为歉，只得佳传以传之而已。

著书几何，可告我，俾传之。弟至孝，想必哀毁，幸遇侍疾，免终天之憾，丧事窀穸（zhūn xī，埋葬）想妥办。弟承先中丞公之重，门祚所关，此后当发愤自立，继志述事以为大孝，以亢宗显亲，是吾所望。命家人具祭仪拾元，可收为吾致哀思焉。

兄为泣顿颡，六月十七日。

康有为逃亡海外之后，先是到了日本，后来清政府向日本政府发出照会，要求日本政府把康有为引渡回国。康有为不得已又坐船跨过太平洋来到加拿大、美国。写这封信时，康有为刚从墨西哥回到美国纽约，所以信中说“自墨还纽”。在美洲期间，康有为发现此时的墨西哥正在大开发，竟然从中发现一些商机，赚了不少钱，所以经常往来美国与墨西哥之间。

康有为在信中对叔叔康达让的一生做了很高的评价，并且说因为自己被通缉，只能逃往海外，无法亲临丧事，叔叔生前也没有得到过自己的帮助，为此感到十分遗憾，只是作了一份叔叔的传记，作为纪念。此外，在信中，康有为希望这位族弟能发奋自立，努力承担起家族的使命。最后，康有为汇寄了十元钱作为奠仪。

从这封信中可以看到，康有为对自己家族充满依恋，对于过往的家族生活充满情感，即使在清代晚期一段时间内做过时代思潮的引领者，在家信中也是一位普通的家族成员。

4. 黄花岗烈士的家书

1910年冬天，也就是辛亥革命爆发的前一年，同盟会已经组织了几次起义，可惜都失败了，他们吸取前几次起义的教训，决定在广州再组织一次更大的起义。为了取得成功，同盟会的骨干力量为这次广州起义做了大量准备工作，并做了严密分工。可惜，到了1911年春天，临近起义时，却发生了种种情况，以至于起义的日期不得不推迟。最后，由于约定的起义时间没有统一，在起义爆发的时间，只有黄兴率领一支120人的骨干队伍攻打两广总督府，却遭到失败。

起义失败后，人们收敛了其中72具尸体埋葬在广州郊外，称为“黄花岗七十二烈士”。这些烈士在参与起义之前，大都给自己家人写了绝笔信，其中林觉民的《与妻书》曾经一度进入中学语文读本中，此外还有一些广州起义的烈士留下的家书也一直感动着后世。

另外一位烈士方声洞写的信更为感人。在起义之前，方声洞本来没有在广州，他接到吴玉章的来电，说起义的军火不足，需要有人运军火回国，方声洞当即承担了这项任务。在出发前，他写了十几封信给父亲，让妻子随后填好日期，陆续发出，以免父亲担心他。到了起义的前一天，他给父亲和妻子各写了一封绝笔信，给父亲写的信原文如下。

父亲大人膝下：

跪禀者，此是儿最后亲笔之禀，此禀果到家者，则儿已不在人世者久矣。儿死不足惜，第此次之事，未曾禀告大人，实为大罪，故临死特将其就死之原因为大人陈之。

窃自满洲入关以来，凌虐我汉人，无所不至。迄于今日，外患逼迫，瓜分之祸，已在目前，满洲政府犹不愿实心改良政治，以图强盛，仅以预备立宪之空名，炫惑内外之观听，必欲断送汉人之土地于外人，然后始大快于其心。是以满政府一日不去，中国一日不免于危亡，故欲保全国土，必自驱满始，此固人人所共知也。儿蓄此志已久，只以时机未至，故隐忍未发。迩者与海内外诸同志共谋起义，以扑满政府，以救祖国。祖国之存亡在此一举。失败则中国不免于亡，四万万人皆死，不特儿一人；如事成则四万万人皆生，儿虽死亦乐也。只以大人爱儿切，故临死不敢不为禀告。但望大人以国事为心，勿伤儿之死，则幸甚矣。

夫男儿在世，不能建功立业以强祖国，使同胞享幸福，奋斗而死，亦大乐也；且为祖国而死，亦义所应尔也。儿刻已念（廿）有六岁矣，对于家庭本有应尽之责任，只以国家不能保，则身家亦不能保，即为身家计，亦不得不于死中求生也。儿今日竭力驱满，尽国家之责任者，亦即所谓保卫身家也。他日革命成功，我家之人皆为中华新国民，而子孙万世亦可以长保无虞，则儿虽死亦瞑目于地下矣。

惟从此以往一切家事，均不能为大人分忧，甚为抱憾。幸有涛兄及诸孙在，则儿或可稍安于地下也。惟祈大人得信后，切不可过于伤心，以碍福体，则儿罪更大矣。幸谅之。

兹附上致颖媳信一通，俟其到汉时面交。并祈得书时即遣人赴日本接其归国，因彼一人在东，无人照料，种种不妥也。如能早归，以尽子媳之职，或能稍轻儿不孝之罪。临死不尽所言，惟祈大人善保玉体，以慰儿于地下。旭孙将来长成，乞善导其爱国之精神，以为将来报仇地（也）。临书不胜企祷之至。

敬请

万福金安！

儿声洞赴义前一日禀于广州城。

家中诸大人及诸兄弟姊妹、诸嫂、诸侄儿女及诸亲戚通此告别。

起义的前一天晚上，后来的烈士之一李晚给自己的哥哥留下一封诀别书，这封信读起来使人动容，原文如下。

景芝家兄鉴，敬复者：

昨天说及，去年余妻区氏与甥往南洋访弟，适因归国，两不相遇。弟此次理应返乡一行，但军情紧急，不出三日，兄便知矣。

此行成败不可知，任其事而怕死，非丈夫也。余明知无济，只在实行革命宗旨，绝以生命为牺牲，推倒满清，建设中华民国。事成则汉族光明，或败身殉，愿毋我念。

恳兄代告余妻区氏一言，苦守韬儿，他日继父之志，幸毋忘之。此别。

谨请福安

辛亥年三月二十八日夜

弟晚发亲笔

李晚并不是什么读书人，写的信不像学者那样文绉绉，但粗浅而直白的道理，却更具有穿透力。李晚跟他的哥哥先是表达了对之前没有能见面的遗憾，随后便说，不出三天，便能知道这一切了。李晚说，既然选择了这样的使命，如果怕死，便不是大丈夫。所以宁可选择牺牲自己，也要坚决去完成这样的使命。

黄花岗烈士墓

从清代末年开始，随着时代变化，中国开始更紧密地融入世界格局中。

粤港澳地区一直处在中华文明与海外交往的前沿，在这一时期也涌现出了一大批引领国家发展潮流的人。广州起义虽然失败了，但是也完成了起义者们所希望的能够引领全国的目的。广州起义死难的烈士并没有白白牺牲，在广州起义之后，全国性的革命已经进入了一触即发的时刻，在几个月之后，武昌起义便迅速蔓延到了全国。

5. 郑观应的家书

1914年7月，在福州招商局担任会计的郑润林给父亲写信抱怨工作中的问题。本来，郑润林曾经在日本留过学，回国后想要做一番事业。他先后在山东营口、厦门招商局工作，后来调任到福州招商局，对局内的人事纠纷十分头疼。之前，他在厦门招商局已经是“会办”，这次调任福州只是担任会计，郑润林还想继续当领导。

郑润林的父亲是郑观应，就是在清代晚期写下《盛世危言》等书的人，也是近代著名的思想家。郑观应是广东香山（今中山）人，后来参与洋务运动，在一定意义上来说，他的儿子郑润林也是跟随着父亲的脚步，才出国留学，回国后参与招商局的工作。清末民初

郑观应像

的招商局和现在政府部门的招商局有些不同，大致相当于现在的国企。

俗话说："知子莫如父。"郑观应很了解他的儿子，知道他儿子身体不好，所以便回了一封很长的信。这是近代很知名的一封家书，现在对这封家书的主要部分做一些解释。郑观应是这样回信的：

> 书云："自天子以至于庶民，一是皆以修身为本。其本乱而末治者否矣。"又云："守孰为大？守身为大。"今尔身体羸弱，由急于丁财而不知修齐之道，是不知守身为大之旨，实舍本而求末。盖事有本末，物有始终，所知先后则有道矣。俗云：一分精神，一分福泽，而精神出于修养而来。

在家书的开篇，郑观应便引用《大学》中的话，开宗明义地表示，凡遇到任何事，"修身"是根本，是第一位要考虑的因素。又引用《孟子》中的话，认为"守身"，也就是先保证自己身心健康才是最重要的。郑观应觉得，他儿子郑润林身体不好，在这种情况下，如果仅考虑升官、挣钱，却不知道保护身体，保证身心健康，最后会弄得身财两空、身心疲惫，身体变得更不健康，而且钱财最后也会失去。所以不能舍本逐末，应该先养好精神，有了身心的健康，才能谈工作上的进取。没有哪个父母不关心自己孩子的健康，在父母看来，身体健康总是优先于工作上的问题的，这是一位父亲的谆谆教导。

余有生以来，素位而行，惟守清、慎、勤三字。守分安命，穷通得失听于天，然时运不济，命途多舛（chuǎn），惟忍耐顺受之而已。兹将身所经历及先哲之言择要七款，为儿辈作前车之鉴也。

随后，郑观应以自己为例，提出一个人应该“素位而行”，这是《中庸》中提到的“君子素其位而行，不愿乎其外。素富贵，行乎富贵；素贫贱，行乎贫贱”。一个人不能奢望自己身份之外的所得，自己能做的便是谨慎、勤奋，如果命运不好，则需要安分地接受。然后，郑观应具体提出了七个方面的原则，作为对家族后代的教导。

一、余平日交友，因爱其才华未知其心术，遂致受累，始知取人之道，须如书云：“视其所以，观其所由，察其所安。”方悉真伪。盖友以辅仁，所以亲君子远小人则兴，亲小人远君子则败。

第一点，交友。要按照《论语》中说的，听其言、观其行，不能只看一个人的才华，而是需要看一个人的行为取向，只有这样，才能远离小人，接近有益的朋友。

二、日中行事无论贤否亲疏，所收银钱必须当面点明，收藏妥当。不可草率乱放，恐顾此失彼，非惟忙中有错，且恐事过忘却也。所交银钱要件必须真正亲笔收条，不可大意，一则恐日后不认，二则备将来稽查。《书》曰："其难其慎。"孔子曰："谨而信。"圣贤于谨慎二字再三致意者，良有以也。

第二点，谨慎。作为会计，每天的账目需要弄清楚，不管是什么人，即使是很亲密的人的账目来往，也需要当面点清，不能草率对待，否则一旦过了这件事，再遇到下一件，这件就会被忘记，随后就会乱。只有一件件都清楚，才能把工作做好。

三、迩来赌博日炽，而尤以麻雀为盛，靡不嗜之如饴。昔人博弈，不过酒后适兴偶一为之，稍知自好者，鄙为牧猪儿戏不屑为也。今则不论上下，专以赌钱为事，风俗败坏莫此为甚，甚至士夫之家设局开赌，引诱少年子弟，甜言巧语，哄骗富户，一入圈套，小则身败名裂，大则产破家亡。娼优臧获，对席并坐，只思利其财宝，绝不顾及体面，良心丧尽，廉耻全无，迹其起点，不过由于贪利之一念，可不惧哉，可不慎哉。

第三点，不能赌博。最近以来，社会上流行赌博，其中"麻雀"这种玩法最为流行，人人都在参与。以前的人赌博，大都是一种茶余饭后的娱乐，稍微有点自知之明的人都会把赌博视为"牧猪"一样的儿戏，是不屑于做的。现在赌钱成了专门的事业，这会影响正常的工作，时间久了，风俗就会变得很糜烂，很多人会因此破产。所以赌博是一种有害的事情，家族后代不能参与。

四、人欲谋生，必须勤俭。赵清献公诗曰：“人生天地间，衣食谁不欲？己力不经营，日用安能足？穷困因懒惰，借贷遭耻辱。俭用胜于人，奢侈莫随俗。所费戒奢华，慎勿惮劳碌。”此诗宜三复也。

第四点，坚持勤奋、简朴，这是一个人最重要的品质。勤奋才能创造财富，简朴才能避免浪费财富。这样人的生活才能慢慢好起来。郑观应引用了一首诗，说人人都想要好吃好穿的，不过需要自己去挣钱换来，平时要比别人简朴，不与人比奢华，而与人比勤劳。

五、有容德乃大，厚德以载福。陈白沙先生云：“七情之发，惟怒为遽。众逆之加，惟忍为是。绝情实难，处逆非易。当怒火炎，以忍水制；忍之又忍，愈忍愈励。过一百忍，为张公艺。不乱大谋，其乃有济。如其不忍，倾败立至。”富弼训子弟曰：“忍之一字，众妙之门，若清俭之外更加一忍字，何事不可办？”时人有诟骂之者，弼佯为不闻，或告之，弼曰：“恐是骂他人。”曰：“明呼公名。”曰：“天下岂无同名者乎？”骂者闻之大惭。世间大富德人，必能容人之不能容。若器小福薄人，便厥然而动矣。

第五点，对别人宽容。郑观应引用了陈献章的观点，人都有喜怒哀乐，不过怒气带来的恶果总是最大，所以当一个人面对众人跟自己不一致的看法时，应该多忍耐一些，就像历史上的张公艺一样，忍耐一百次，则会出现好的效果；否则，小不忍则乱大谋。北宋时期的富弼也曾教育他的子弟说要忍耐，这里郑观应举了关于富弼的一个很好笑的例子。有人骂富弼，别人告诉了富弼，富弼却说："不是骂我。"人说："都提着你的名字骂呢。"富弼说："重名的人多了。"只有这样的人才能当宰相。郑润林身体不太好，从海外回来，在厦门招商局工作时，也没有很好地处理人际关系，所以郑观应以此来教育他。

> 六、湘乡曾文正《不求不忮诗》云：善莫大于恕，德莫凶于妒。妒者妾妇行，琐琐奚比数。争名日夜奔，争利东西骛。但期一身荣，不惜他人污。闻灾或欣幸，闻祸或悦豫。问渠何以然，不自知其故。我今告后生，悚然大觉寤，终身让人道，曾不失寸步。终身祝人善，曾不损尺布。消除嫉妒心，普天零甘露。家家获吉祥，我亦无恐怖。
>
> 又云：知足天地宽，贪得宇宙隘。岂无过人姿，多欲为患害。在约每思丰，居困常求泰。矫首望八荒，乾坤一何大。安荣无遽欣。患难无遽憝。君看十人中，八九无倚赖。人穷多过我，我穷犹可耐。而况处夷涂，奚事先嗟忾。于世少所求，俯仰有余快。俟命堪终古，曾不愿乎外。

第六点，对于利益和名誉多些宽恕。郑观应引用了曾国藩的两首诗。第一首诗说一个人对于名誉和利益，应该多一些宽恕之心。争来争去，有时候甚至不惜损害别人的利益、看到别人的坏事就高兴，这样对自己也没什么好处。从过来人来看，一个人多让一让，最后也不会失去什么，别人有了好事，对自己往往也会有好处。

第二首诗说一个人不能贪得无厌，其实每个人都是平等的，过多地占有不仅损害别人，也会增加自己的贪欲。而贪欲是无止境的，贪欲越多，一个人就会越有各方面的问题。

> 七、处家贵和。尝闻父子、兄弟、夫妻、妯娌不和者，多由于不遂所求，各执一理，均意气用事，甚至一朝之忿亡其身以及其亲。凡事理应推己度人，易地而思，须降心息气，互相研究，方知他人难处。其所求与不能应所求者，两难之中权衡其利害轻重，以利多合理者为重，如仍不能决，即请亲族中老诚明理者公决，何用争执者以伤和气？

第七点，在家庭关系中注重和谐。在家庭关系中，人与人之间的不和，主要原因是没有设身处地地想问题。实际上一个人，比如一个女人，必然同时是母亲、女儿，将来是婆婆，一个人在不同人面前便是不同的身份，当跟比自己年龄大的人有矛盾时，需要想想自己在年龄小的人面前会如何；反过来也一样。这样，遇到问题便更容易想清楚，也会少很多矛盾。

> 以上七则，皆前人名言，若积资可以仰事俯畜，当学先哲急流勇退，穷理尽性以致命。《晦迹潜修经》云：“不求大道出迷途，纵负贤才岂丈夫”是也。以上先哲格言宜书诸绅、宜铭诸座，可以修身。可以处世，可以养生，汝念之

匆忽。

在这封信中，郑观应讲的主要是如何处理不同的关系，而所有的关系都是以个人的修身为前提的，只有个人能够把问题想清楚，才会有力量去处理这些复杂的关系。在这封信中，郑观应引用最多的两个人便是陈献章和曾国藩。由此可知，陈献章的思想在岭南地区有广泛的影响。

6. 冼星海的家书

冼星海是佛山冼氏家族的后代，出生于澳门。小时候，冼星海家里十分贫困，迁居到新加坡后，他的音乐天赋开始受到老师的关注。后来，他来到广州读书，也曾赶赴巴黎学习音乐。1938年，冼星海来到延安。1940年，冼星海到苏联参与纪录片制作，后来因为苏德战争爆发滞留在苏联。这是他在苏联期间以“黄训”署名写给妻子钱韵玲的信：

玲：

匆匆别后不觉已届两度寒暑，两地遥隔，能不依依？时为秋凉，尤望加衣珍重。别后想必学业进步，身体健康。我在这里身体比前健壮硕大，精神健全，食欲增加，工作更比以前进步，见识亦较以前广泛，身心非常愉快。

妮娜在你殷勤爱护之下，必定很幸福地过她的生活，亦必比以前更天真活泼了。她这一幅小面孔，我时常都怀念着她，今年她是两岁了，长大一些还是送她到幼稚园，免得你分心，有碍工作和学习。

我们今后更要进一步的锻炼自己，尤其是处事、待人、接物的各方面。我总有这样的感想，我们一天比一天进步，但我们在现在的环境，应该更努力去学习和工作。比学习和工作更重要的就是锻炼自己的不屈不挠的精神，苦干和谦虚的精神，我相信你比我做得更好，我时常提及无非就是勉励我们加紧日常生活。的确地我在将近两年的时间，我得到许多宝贵的教训和经验，我想在不久，我们可以见面团聚彼此交换一些过去经验和意见，又是何等愉快的事呢。现在你更要安心工作，我回来时必定带给你许多安慰和愉快。

妈妈生活不知道怎样?！我怀念着她如同怀念着你们一样，我深怕老人家生活又成问题！你是否仍然每个月给她写信？你可记得这一件事，不然老人家在上海是孤苦无靠的怎样度过这样的生活呢？或许你明白我为什么许久没有给你写信的原故，现在因有机会可以带信，顺便写几行，聊解你和妮娜的远念。愿努力、珍重！

代候好友们的安好 不另

黄训

一九四一年九月十八日

第十章 岁时轮回

1. 春节的“年例”

春节是一个将个人纳入到家族里的节日。每年春节，茂名市西南不远处的联唐乡都十分热闹。联唐乡由四个自然村组成，主要有李、梁两个姓氏。联唐、低屋、车仔三个自然村多为李姓，梁屋山村多为梁姓。在历史上，梁姓的祖先从福建到这里做官，后代便定居在这里；不久之后，李姓从江西经大庾岭迁徙至此。后来，李姓的人口逐渐增加，超过了梁姓。

每年春节，这里要举行“年例”活动。所谓“年例”，是春节期间广东西部地区的一种集体举行的持续性祭祀活动，其中也伴随有游行、宴会等活动。

本来，广东各地的春节与中原地区的习俗无异。在清代光绪十六年（1890年）编写完成的《花县志》（花县即今广州市花都区）中可以看到，元旦（即今春节）：

> 晨兴，供神祀祖，家庭卑者、幼者拜尊长，致祝语，

尊长答以训词，出而遍拜乡党，亲友交贺饮，三四日乃已，谓之“拜年”。

也就是说，春节这一天，一大早起来，家里年幼的人要给长辈拜年，说祝福语，长辈则答以教诲的话；在家里拜年之后，又出门与周围邻居拜年，与亲朋好友宴饮。这基本上是全国统一的过年方式，持续了很长时间，一直到现在都没有变过。

不过，在正月初一到初三这几天过完之后，广东西部地区的人们还要举行更为隆重的“年例”活动。年例活动有专门的人员组织体系，在家庭内的拜年、宴饮结束后，每个家族或者几个家庭派出一个代表，成为这几家的“宗台”，参与村里年例活动事宜协商。在“宗台”之上，每个自然村再推举出有威望的两个人，分别担任“香老”和“年例头”，“年例头”是总负责人，“香老”是协助者。这些人聚在一起，会根据以往的经验，商量出新一年的年例活动的具体安排和所需的开支，筹划出活动所需用品的数量，然后根据总的费用设定每个村民的“份钱”。

随后，“宗台”到各自居住地附近搭建一个用来安放菩萨的祭台，向每家收取“份钱”，用于村里年例的开支活动。

在此期间，村里会聘请一位“道公佬”。“道公佬”是专职负责祭祀活动的人，是道教体系的一部分，平时也从事驱邪、祭祀活动。一般来说，一个村或者几个村里会有一家人世世代代做着“道公佬”的工作。“道公佬”是年例祭祀活动的核心。

就像现代奥运会的开幕式会有一个“点燃圣火”的仪式，年例活动也有一个类似的“起大旗”仪式。在年例第一天的凌晨，

“年例头”“香老”“宗台”这些人聚在村庙里，在经过“道公佬”的占卜之后，将一面大旗升起来，宣布年例活动正式开始，这面大旗上一般写着“风调雨顺”这样的字眼，或者写着本村“神主”的称号，直到年例全部结束，大旗才会降下来。

年例开始之后，第一项活动称为“入屋”，用今天的话来说，这是一种针对特定家庭“送祝福”的活动。具体来说，“年例”的主持者们会请人抬着公庙里的菩萨，到一些人家里，开展比较隆重的祭祀仪式，主要是针对在这一年里有“新婚”“添丁”，以及“乔迁”“科举高中”等喜庆事的家庭。

一般来说，“入屋”的家庭很早就确定了，春节之后则确定“入屋”的线路，先到哪家，再到哪家，由于“入屋”仪式要在天亮前完成，所以每年的户数十分有限。“入屋”的这家人，在这一天早早起来，穿戴整齐，收拾出一块用来安放菩萨的台子或者供桌，等待不远处响起敲锣的声音，便知道年例的队伍就要来了。点起香烛、将祭品摆放整齐，等到年例的队伍接近家门口，赶忙燃放一挂鞭炮，迎接年例的队伍。

菩萨抬进屋，安放在台子或者供桌上，“香老”和屋主一起下跪，“道公佬”拿出写给菩萨的疏文，先是朗读一遍，再用道家特殊的韵律唱一遍。疏文有固定的格式，一般是这样的内容：

> 今有广东省**地，住址**，奉道“上春年例开酒保民祈安”事：合众等诚心叩拜，圣遣言，念香老众等惟恩列祖，定**日上春年例，庙主**圣驾临会**家内，会同香火列圣，正一开酒祈安清醮。

> 一会化疏财仪，上答圣真，下祈庇佑，会首家居迪吉，人物均安，人安财泰，六畜兴生，老少男女平安尽在，光鉴叩吉相为此。谨录具疏，具疏上奉，侍奉香火，帝帅列圣，洪慈俯赐，昭格疏文，天运岁次，本年*月*日具疏上奉。

念唱结束后，疏文烧掉，接着到下一家，重复上一家的活动。天亮时分，菩萨再被送回公庙。

总的来说，“入屋”活动意味着保佑村庄的神仙，从此便确认了这一家人在一年里获得的福分。“入屋”活动是一种程式化的祈福活动，像生产现代工业品一样，同一群组织者在不同人家进行一系列程序相同的活动，便摊薄了祈福活动的成本。毕竟，在那时候，即使单独举行一次活动，也照样需要这一系列的物质材料，以及很多人的参与。对于一个小小的家庭来说，只需要每年缴纳很小的一点“份钱”，便能获得如此多人的共同祝福，且有如此高规格的、严肃而专业的祈福活动，是十分划算的。

到了白天，年例活动进入“拜宗”环节，这是所有人都要参加的活动。在此之前，代表不同家族支系的“宗台”已经组织人在自己居住的地方摆好了祭台。“拜宗”活动就是人们抬着公庙中的菩萨，按照固定路线，到每一处“宗台”处举行祭祀仪式。

一般来说，一个地方有多年固定的“拜宗”路线。“拜宗”也不只是为了到每处“宗台”举行祭祀仪式，按照固定的路线进行巡游也是“拜宗”活动的重要组成部分。“拜宗”的队伍人员很多，最前边有人打着“肃静”“回避”的向导牌子，之后则有人抬着香案，紧跟着是乐队，再后边才是人们抬着菩萨，一行人马组成长长的队伍，像是高规格的官员出巡一样。每到一处“宗台”，巡游的队伍都要停下来，举行祭祀仪式。祭祀的流程与“入屋”类似，只是参与的人群更加广泛，每到一处“宗台”，所有属于该“宗”的人家都要参与其中。

到了现代社会，作为主要部分的传统祭祀仪式甚至逐渐让位于巡游活动，开始具有了“狂欢游行”的色彩。

到了夜里，“年例”活动还会在公庙中举行“渡钱”仪式。所谓“渡钱”仪式，就是给本村每一位神仙都赠送一个红包，当然，红包里包的是仙界的“钱”，而不是真钱。在中国人看来，生活中的每一处地方、每一种自然变化都有专门的神仙在负责管理，所以“渡钱”往往涉及几十个神仙，比如风神、水神、雨神、雷神、电神、土地神、温病之神等等，每一个红包针对一个神仙，红包上写着神仙的名字。此外，人们觉得恐怕会有些神仙没有被考虑进来，于是也会做几封通用红包，以备没有考虑到的神仙使用，这种红包上写着“补邮”。

在各项活动中，“拜宗”环节持续的时间最长，有的地方，“拜宗”要持续两三天，也有的地方“拜宗”环节持续的时间不长，但是有专门的“游神”环节，由长长的队伍抬着菩萨在各村、各家门口逐个巡游，在村口、路口举行祭祀活动。

在一些地方，组织比较大的宴会和娱乐活动也是“年例”的组成部分。“年例”活动将春节从小的家庭、家族内的拜年活动，推广成为家族之间、村落之间的活动，拓展为在世之人与往古的祖先、村落保佑神灵之间的活动，成为广东西部地区春节期间的重要热闹活动。

2. 元宵节“添丁”

在广东的中东部地区，元宵节的活动十分隆重，元宵节是围绕着赏灯、吃元宵和集体娱乐活动开展的。从正月十二、十三开始，广州的一些地方便开始了“庆灯”活动。地方志中说，以前的广州地区“自十二三至十六七，坊乡神庙结彩张灯，鼓吹喧闹达曙，人家亦悬灯聚宴，谓之庆灯”。到了十五日这一天，“啜粉丸，谓‘食元宵’。乡落沿门迎神、放花炮，烧起火，谓之‘拦巷’，行乐数宵”。可以看到，这里提到了一些活动，在正月十五这一天之前，主要是花灯和围绕着花灯的聚会，在正月十五当天，则是吃元宵、燃放烟花这些活动。

在潮汕语中，“灯”和“丁”发音类似，“丁”就是人口的意思，挂灯具有传宗接代的寓意，所以一些家族会在元宵节期间举行“开灯”活动。“开灯”活动的载体是“灯”，而主体则是“丁”，主要是针对家族内新增加的“丁”，所以“开灯”活动实际上就是今天一般人说的“满月酒”。广东地区的地方志提道：“生子者，是夕盛为酒馔，延族属燕饮于祠，以齿序，曰‘饮灯’。越夕，族属合酬生子者，曰‘酬灯’。”可见，在一些地方，“开灯”包含两次宴饮，一次是生了孩子的人家请家族成员宴饮，另一次是家族集体请生了孩子的人家宴饮，统称为“开灯宴”“饮灯酒”。

在潮汕地区的一些“开灯”活动中，菜品也有讲究，称为“开灯九大簋（guǐ）”。“簋”是古代一种圆形或者方形的容器，用来盛粮食，“九大簋”是指用九只“簋”分别盛九种菜品，寓意“九子登科”。

没有新添丁口，而又想要孩子的家庭怎么办呢？清代道光（1821—1850）年间，有一位叫作叶廷勋的编了一本《广州西关竹枝词》，其中有一首提道：

> 不夜元宵彻鼓锣，蓬莱基尾踏春过。
> 宜男俗尚青青菜，采送床头结子多。

这里说的“青菜”，是指看完花灯，妇人们会相约去“偷青”，就是到别人家的园中偷取青菜。那时候的人们认为，偷到青菜是吉祥的象征，会生男孩。有很多园子的主人干脆在这一天准备好青菜，等到妇人们来了，便将青菜发给她们。

在元宵节这一天，很多地方有祈子的习俗。人们认为，在元宵节当天到金华夫人祠祈子最为灵验。屈大均在《广东新语》中提到了一个传说：“广州多有金华夫人祠。夫人字金华，少为女巫，不嫁，善能调媚鬼神。其后溺死湖中，数日不坏，有异香，即有一黄沉女像容貌绝类夫人者浮出，人以为水仙，取祠之。”传说，金华夫人年少时是女巫，没有嫁人，而善于摆弄鬼神。有一天，她失足掉进了湖里，死后尸体不腐烂，有异香，而且湖面上浮起了一个与金华夫人很像的木偶，附近的人认为这是水中的仙子，便专门修建了祠堂，供奉起来。后来，金华夫人成为广州地区人们祈子的神灵。广州有童谣：“祈子金华，多得白花，三年两朵，离离成果。”古人以白色的李花表示男，以红色的桃花表示女，此处的“白花”即指男孩。

3. 清明节的祭扫

清明节是传统二十四节气之一，也是一个在全国各地都有相对统一习俗的节日。清明节是面向家族过去之人的节日，在这一天，不论贫穷、富裕的大小家族，人们都会到祖先坟茔进行祭扫活动。

在粤港澳地区，不同地方的人们祭扫祖先的过程大同小异，基本流程都是：在赶到坟茔之后，先将祖先的坟茔做一些清扫，铲除杂草，修整土坡。有的坟茔有土做的坟头，如果长时间无人修整，坟头便会在雨水冲刷、人为破坏下塌陷，所以祭扫之前也会在坟头培一些新土。随后，将带来的祭品摆在坟前或者专门摆放祭品的台上，然后将带来的纸钱焚化，焚化之后，对坟茔磕头行礼。有的地方，人们也会折下几支新鲜的柳枝或者其他树枝插在坟头上，表示祖先虽然已经去世，但在后人心中仍有新鲜的模样。

《初刻拍案惊奇》中叙述了过去清明节祭扫的细节：

> 时遇清明节届，刘元普分付王文用整备了牺牲酒醴，往坟茔祭扫。与夫人各乘小轿，仆从在后相随。不逾时，到了坟上，浇奠已毕，元普拜伏坟前，口中说着几句道：
>
> 堪怜弘敬年垂迈，不孝有三无后大。
>
> 七十人称自古稀，残生不久留尘界。
>
> 今朝夫妇拜坟茔，他年谁向坟茔拜？

膝下萧条未足悲，从前血食何容艾？
天高听远实难凭，一脉宗亲须悯爱。
诉罢中心泪欲枯，先灵英爽知何在？
当下刘元普说到此处，放声大哭。旁人俱各悲凄。

可以看到，在中国人的心中，即使祖先已经去世，在一定意义上也是自己心灵的寄托，在清明节上坟过程中，多少总要对着祖先的坟茔诉说一些心事。刘元普一直没有孩子，这在传统社会是很重要的问题。刘元普一边祭扫一边心想，现在他们夫妇还能为祖先祭扫，将来自己去世了，谁还能来祭扫呢？所以他在祭扫的过程中失声大哭，让祭扫的环节更有了几分悲切。

在清明节，广东的一些地区是所有后代分先后顺序前往坟茔祭扫，也有整个家族在同一天到祖坟举行祭祀活动的情况。集体举行祭扫仪式，祭品的内容就会丰富一些，而祭祀的过程也更为正式。在祭祀活动结束之后，要把祭祀中的贡品，主要是猪肉，根据各家人员情况进行分配。随后，各家人带回自己家，将猪肉做成一道菜，以显示家族的凝聚力。

4. 端午节的龙舟

氹（dàng）氹转，菊花园。
炒米饼，糯米团。
五月初五龙舟节，
阿妈叫我睇龙船。

我唔睇，睇鸡仔，
鸡仔大，摞去卖。
卖得几多钱？
卖得五百钱，
卖得钱来起花园。

这是一首在广州流传很广的儿歌，“氹”是田间的小水坑。在岭南地区，每年五月初五端午节，也叫龙舟节，各地流行赛龙舟。在这里，这一传统可能已经有几千年的历史，是流传至今的最悠久的民俗活动之一。

对于岭南地区来说，并非所有的传统习俗都是来自中原，也有一些习俗是源自本地，而且逐渐传播、扩大，成为整个中华民族共同的习俗，赛龙舟便是其一。在中国文化发展的过程中，不同地区的文化曾经相互影响，有的文化传统源自北方，有的文化传统源自南方。端午节中的很多习俗来自江南一带，端午节赛龙舟则是源自岭南地区。

每年端午节前很多天，各家便会抽出青壮年劳力，将上一年埋在河床或者池塘里的龙舟抬出来，这一天称为“起龙舟”。“起龙舟”总要选一个黄道吉日，随后，人们把龙舟放入水中，每个村或者每个家族组成一支龙舟队伍，每天用一部分时间来练习划龙舟。到了端午节这一天，本地最重要的河面上，彩旗招展、锣鼓喧天，不同的龙舟你追我赶，是夏初时节一道亮丽的风景线。

在赛龙舟之外，广东地区的端午节也有其他的传统习俗。北宋绍圣二年（1095年）五月初四日，大文学家苏轼正在今天的广东惠州做官，这一天，他写了一首词《浣溪沙·端午》，反映了在当时端午节的所见、所思。

> 轻汗微微透碧纨，明朝端午浴芳兰。
> 流香涨腻满晴川。
> 彩线轻缠红玉臂，小符斜挂绿云鬟。
> 佳人相见一千年。

第二天就是端午节了，这时候广东的天气已经十分炎热，人一动就会出汗，不过这首词中所写的出汗的人并不是苏轼本人，而是陪伴苏轼到广东的一位名叫朝云的侍妾。在端午节这一天，本地的女子都会用兰草来沐浴，这甚至会导致晴川河里的水都变了样子。

“彩线轻缠”是指在端午节这一天，人们会佩戴用彩色丝线编织的长命缕，“小符斜挂”是指人们在端午节佩带的香囊，可以用来辟邪。“佳人相见一千年”是说苏轼愿意与此佳人共同相伴直到一千年之久。

在苏轼生活的时代，用兰草沐浴，佩戴长命缕、香囊，早已是全国统一的习俗了。广州的地方志中说，在端午节这一天：

> 悬蒲艾于门，具酒馔、角黍以祀其先，妇女相遗馈。午时，以雄黄、蒲艾和酒饮之，稚子则佩符篆，系色丝，取辟兵、续命之意。近河乡人为龙舟竞渡夺标，杂遝（tà）游观，五日乃已。

这里提到了多项活动，比如悬挂艾草，准备粽子（角黍）作为祭品，饮雄黄酒，佩戴辟邪符、彩缕，以及赛龙舟等，这些活动也是北方各地的活动，可见在明清时期，全国各地端午节的习俗已经趋于相同，各种习俗已经汇入中华民族大家庭了。

5. 收获的节日：田了节

我国南北方地区的耕作制度有一些差别，在广东，农历六月是收获早稻、为晚稻插秧的时节，农田里十分忙碌。每年这个时候，一家人都得辛苦干农活。在广州附近，每年农历六月初六日是广东的“天贶节”，俗曰“禾斋”，也有一些地区在农历六月到七月期间根据早稻收获的进度，设立“田了节”。顾名思义，“田了节”就是田里的事已经了了，在早稻收获之后，做一些庆祝丰收的活动。在东莞一带，人们干脆把田了节分为六月田了节、十月田了节两个节日，分别对应着早稻和晚稻两茬庄稼。

庄稼收获之后，人们的身体十分疲惫，需要更多的营养，也需要更愉快的精神感受。在珠江三角洲地区，人们在早稻收获完之后，便合族聚集在一起进行庆祝活动，吃点好吃的，也对过去一段时间内家族的族人之间在农活上的相互协助表示感谢。

现在小学语文教材中有一首古诗《社日》：“鹅湖山下稻粱肥，豚栅鸡栖半掩扉。桑柘影斜春社散，家家扶得醉人归。”虽然这首诗讲的并不是广东，不过，广东地区的田了节与秋社活动十分类似，都是庆祝丰收的集体活动。虎门诗人邓灿垣的《怀德竹枝词四首（其三）》与《社日》描述的情景十分类似：“机声轧

(yà）轧出柴扉，低压芦花见酒旗。社鼓敲残人欲散，山翁沉醉却忘归。”

明清时期的屈大均在《广东新语》中专门列了“吹田了”一节，说：“东莞麻涌诸乡，以七月十四日为田了节，儿童争吹芦管以庆，谓之‘吹田了’，以是时早稻始获也。”清代的钱以垲还专门在《岭海见闻》这本书中收录了两首名为《吹田了》的诗：

> 一吹芦管毕田功，未及中元报赛同。十月纳禾今七月，莞风应似异邠（bīn）风。
>
> 芦管原闻塞上声，今为笙乐报秋成。兵戈尽化为农器，长与儿童乐太平。

第一首诗说，芦管的声音与收获相伴，因为南北方季节差异，所以这里的收获时间与北方的邠地略有不同。第二首诗说，芦管原本是北方边塞地区的乐器，如今在这里成为表达收获的声音，守卫边塞的兵戈之意便化为了太平之声。

有的地方，在田了节期间会举行“对歌”活动。在村边地头人们摆上一张桌子，便是舞台了。舞台上，一个人男扮女装，称为“楼娘”；舞台下，则是男角，称为“宿佬”。两人对歌，很多内容欢快戏谑，能让紧张的心情得到放松。

与田了节前后相伴的是中元节（农历七月十五日）以及中秋节。其中中秋节影响更为广泛，不过中秋节的活动更具北方味道，而北方中秋节中关于庆祝丰收的一些活动，在广东一些地区成了田了节的内容。

广州地区的地方志说：“中秋：姻戚相送月饼，夜则煮芋置酒，邀朋赏月。”清代的《羊城竹枝词》说：“中秋佳节近如何，饼饵家家馈送多。拜罢嫦娥斟月下，香芋啖遍更炒螺。”可以看到，各地的人们都会在中秋节吃月饼、赏月以及祭拜月亮。不过岭南地区也会在这一天吃芋头、吃海螺。中秋节正是各色水果成熟的时候，北方人过中秋节吃北方的水果，以北方的水果来祭拜月亮，而岭南人过中秋节则吃岭南的水果，用岭南的果品祭拜月亮，比如柚子、香蕉、芋头等。

芋头之所以成为岭南中秋节的重要果品，是因为芋头产自土中，而岭南地区把农历八月十五日作为土地神的生日，将芋头作为感谢土地馈赠的祭品，久而久之，这里的人们便形成了在中秋节吃芋头的习俗。

6. 祭祀“一家之主”

中国文化中有很多奇特的现象，把“灶神”作为“一家之主”来对待便是其一。本来，灶神的职责只是负责守护家里的锅灶、负责烟火的平安，后来，灶神的职责扩大到了可以观察家中人员的善恶。在每年春节前，灶神会对一年来一家人的善恶情况做出总结，随后到天上，将情况报告给玉皇大帝。正因为此，在中国人的家里，家家户户都有灶神的神位，有的称为“一家之主”，有的称为“司命灶君”，俗称为“灶王爷”。

为了讨好灶神，每年春节前家家户户都会祭祀灶神，祭灶活动便是春节的序幕了。在我国的北方，“过了腊八便是年”，在腊月初八这一天，人们熬制腊八粥，相互赠送，开启了过年的序幕。而在广东地区，“腊八”的习俗并不是那么浓厚，这可能是因为“腊八粥”的制作原料大部分是北方的粮食。在广东，过年的序幕始于腊月二十三，俗话说：“腊月二十三——祭灶入年关。”不过，有的地方讲究“官祭三，民祭四，船祭五”的说法，也就是官方祭灶是腊月二十三，民间是腊月二十四，在河海中行船的人家则在腊月二十五。

实际上，在清代之前的大部分时间里，祭灶的时间都是腊月二十四，到了清代中期以后，皇室开始选择腊月二十三祭灶，因为本来这一天是祭天的日子，为了避免冗余的祭祀活动，便在祭天时，一同祭祀灶神，后来民间开始学着皇室的做法选择在腊月二十三祭灶。在广东部分地区则一直保存着中国传统做法，仍旧选择在腊月二十四祭灶。

一般来说，灶神的神位设置在厨房的北侧，或者东侧的位置，有的人家专门设置一个神龛，有的人家只是在墙上贴一幅灶神的图像，在两侧则贴有一副对联“上天言好事，下界保平安”。

每年祭灶时，人们便把旧的图像揭下来烧掉，所以春节前祭灶也称为“送灶”，也就是送灶神上天。祭灶这一天，要把家里打扫得干干净净，给灶神留下一些好的印象，有的人家会给灶神供奉一些又粘又甜的糖果，好让灶神上天后开口说话时，嘴甜一些。

送走了灶神，人们觉得没有监管了，于是做事便可以放肆一些了。在传统时代，祭灶之后直到过年前这几天，娶媳妇、聘闺女就不再需要专门请人选日子了，每天都是可以的，称为“赶乱婚”，在很多地方，这几天结婚的人特别多。到了年底，在春节前贴对联时，人们便会贴一幅新的灶神图像，迎接灶神归来。从这时候开始，在新的一年里，灶神又担负起监察和保护一家人的职责了。

新的一年又到来，一家人的日子便这样周而复始地度过了。

从一年的轮回中可以看到，中国人把四季的轮回视作生命的年轮，一年年的日子里，每个月都有相应的节日，而这些节日，往往都是围绕着家展开的。粤港澳大部分地区一年内大部分时间天气都很热，没有严格意义上的四季，不过由于在历史上受到中原文化的影响，即使到今天，北方的很多传统已经逐渐消失了，而广东却还一直保持着许多过去的传统，同时，这里也形成了一些具有岭南特色的节令文化。

第十一章 慎终追远

1. 归葬

唐代宗大历（766—779）年间，韩愈的哥哥韩会在广东去世，这时候韩愈只有十多岁，他跟随嫂子一起将哥哥的灵柩运回北方。后来许多年后，韩会的孩子（也就是韩愈的侄子）也去世了，韩愈在《祭十二郎文》中说“兄殁南方，吾与汝俱幼，从嫂归葬河阳”。

中国人有落叶归根的传统。一个人从故乡到其他地方工作、生活，即使在别处生活了很长时间，也总是认可自己是故乡人，到老了也总是要尽力回到故乡，而客死他乡，这是中国人很难接受的事情。中国人的生命观与西方类似，都是认为人由魂魄和身体组成，死亡意味着魂魄与身体脱离。一些情况下，有的人因为突发疾病在他乡去世，也需要由后代或者由他人将灵柩运回故乡，埋葬在故乡。在中国人看来，生前一家人在一起，死后也需要埋葬在一起，否则父母已经埋葬在这里，儿子将来去世后却不埋葬在这里，这便属于不孝行为。

北方的一些家族在南迁的过程中，有的家族即使已经在岭南生活了很长时间、有了几代人，但是仍旧坚持要把去世的先人埋葬在北方的祖坟中。这便是《论语》中说的“慎终追远”的意思。

清代乾隆三十四年（1769年），生活在浙江山阴县的汪氏家族中有人到广东生活才50天，便不幸在官任上去世了。后来，汪伦秩的几个儿子都曾在广东工作，但是他们去世后都没有埋葬在广东，而是埋葬在山阴县的祖坟里。直到清代咸丰四年（1854年），汪伦秩的孙辈汪鼎去世后，汪氏家族才第一次有人埋葬在广东。这种变化意味着汪氏家族对广东的认可不断上升，山阴汪氏才真正意义上变成了番禺汪氏。

实际上，山阴汪氏也不是一直生活在山阴，他们的祖上是从江西婺源迁徙到浙江山阴的，同样的情况也发生在山阴汪氏家族中。迁居到浙江山阴的第一代、第二代人，在死后都没有埋葬在山阴，而是仍旧归葬在婺源。直到明代洪武三十三年（1400年），迁居到山阴的第三代人汪安普去世后，才第一次埋葬在山阴。虽然已经是第三代人了，不过墓碑上刻有“汪氏始祖之墓”，表示他是所有埋葬在山阴的汪氏祖先。

在当时，要想长途运输灵柩，在走水路时，需要雇佣专门的船只；在没有水路的地方，则雇佣两头骡子，骡子身上绑两根杆子，将一口棺材绑在这两头骡子中间的杆子上，由骡子拖着前行。如果距离比较远，这是一笔很大的开支，一般家庭根本无力承担。

在清代中期，有一个名叫杨岳龄的人，他的父亲在广东去世了，得到消息后，他要赶赴广东运回父亲的灵柩，可是因为没有足够的钱用来支付交通费用，只好在很多路段选择步行。从山东走了四个月，杨岳龄才赶到广东，可是更是无从筹措将灵柩运回山东的费用，后来得到多人的帮助，才终于凑够了费用。

汪鼎去世后，想要把灵柩运回浙江十分困难，所以只好埋葬在广东。汪鼎的后代便在广东定居下来，逐渐成为本地著名的家族，去世后均葬于广东。汪鼎的孙辈有汪兆铨、汪达元、汪兆镛、汪兆鋐、汪兆钧，都是广东近代著名人士，直到这一辈人，他们还一直认为自己的故乡是浙江山阴县。在民国初年，汪兆铨曾写过一首《寄憬吾弟诗并序》：

吾家徙粤百年矣，故乡山阴松楸在望。吾兄弟计偕时，大人谓有宜人得隽，即绕道回故乡省墓，此愿竟不克偿。今年，吾与憬弟皆逾花甲，憬弟慨然携二子宗洙、宗藻归山阴扫墓，并游西湖，既喜且愧，赋诗赠行。

我家来番禺，荏苒逾百年。
旅食恨留滞，欲归苦无缘。
幸有再从兄，力贫守墓田。
祭扫得无缺，音问时邮传。
恭惟吾祖宗，元末自婺迁。
支叶亦緜衍，遗荫留青毡。
巍巍青湖公，祖孙玉堂仙。
直谏偕舒芬，讲学友甘泉。
泗州有遗爱，史册书简编。
至今清风里，坊表犹屹然。

谁意经丧乱，家室不自全。
子姓本不繁，分飞各一天。

这首诗作对于家族历史的变迁充满了感慨。番禺汪氏虽然已经迁居到南方一百多年了，但是终究仍算是“旅食”，一直无缘回故乡。所幸，在故乡山阴有汪氏家族的后代生活。汪兆铨一面对故乡、对家族感到无比自豪，家族自从元代末年迁居到山阴之后，支系众多，人口繁庶，不同支系都有名人，一面又惋惜家族后代分在不同地方，无法相见。

对于一个家族来说，坟茔如此重要，所以很多人舍不得离开故乡，其中最重要的一方面便是因为先人的坟墓在那里。离开先人的坟墓，或者死在外地，有时候不仅是一种遗憾，甚至是一种耻辱，所以当一个家族迁居到另外一地之后，即使时间过了很久，人们对自己先人的坟墓仍旧念念不忘。

2. 做墓

广东有句民间俗语：“人生三大事，起房、做墓、讨新妇。”对于一个家族来说，除了族田之外，祠堂、坟墓是最重要的公共财产，一个家族可以没有祠堂，但是每个家族都有自己的墓地。保护祠堂、墓地是维护家族凝聚力的最重要事务。《岭南冼氏宗谱》中专门规定：“保守宗祧、宗祠、祖墓者，为立族根本。各房子孙倘有拆祠、毁墓等事，族众不能制止，许投明本祠，集众理阻，仍敢强行，由合族绅耆联递公呈，凭官究办。”

实际上，祠堂和墓地均是围绕着家族先人的存在而存在的。墓地是埋葬先人的地方，而祠堂则是在世之人供奉先人灵位的地方。古人认为：“葬者，藏也。”埋葬先人，在一定意义上是要将先人的遗体藏起来，所以在中国文化中，埋葬先人的墓地与在世之人是“阴”“阳”两个世界，墓地与居住地很少在一起，一般有一定的距离。为了便于祭祀先人，人们才建起专门的祠堂，所以可以说，祠堂是墓地的延伸。

墓地可以自由选址，地址好坏便是墓地好坏的关键，这是中国文化最为神秘的部分。中国人认为，墓地所在地要讲究“风水”，所谓“风水”，顾名思义便是“风”所代表的气流和“水”所代表的水流。水流一般比较清楚，总是从高处流向地处，而气流则比较复杂。古人认为，“风因水止”，水就是风的界限，所以说来说去，所谓“风水”的决定因素主要是地势高低。

族谱中的坟茔位置示意图

那么，怎样的“风水”才算是好的“风水”呢？中国人认为，最合适的地方莫过于“前朱雀，后玄武；左青龙，右白虎”。所谓“朱雀”“玄武”都是指山脉，所谓“青龙”，是指一条弯曲的河流，所谓“白虎”，也是指山脉。这样说来，墓地的位置便位于一处几面环山的小小盆地中，但这个盆地又不是全部封闭的，要有山口通向外边，有河流从山谷一旁流过。

具体来说，墓地的后方要背靠着一座座连绵起伏的山脉，由近至远，便是由低矮变得巍峨，就像是坐在沙发上得有一个舒适的靠背一样；墓地的前方，也要有一座不太高的小山，称为“朱雀”，也称为“案山”，就像是坐在沙发上，前边也要有一个茶几，但是茶几往往并不高，至少不能比沙发的后背高。这是一种心理舒适的追求，实际上也是一种对地理位置安全的追求。设想一下，如果一个位置，后背是空的，而眼前则被高高的障碍挡住，在这种情况下，一个人便很容易变得没有安全感，因为背后随时会出现威胁，但是眼前却什么都看不到；如果反过来，眼前能看到很远，而背后则是安全的，那么人的安全程度就提高了。在这个意义上，面前的“案山”的作用，主要是防止别人看到“自己”，同时“自己”却能看到“别人”，还能阻挡一定的威胁。

为什么要有河流呢？因为河流意味着生机，河流与周围的山脉是联系在一起的，山脉的层次越多，河流的受水区域越广，河流的水流越稳定。前方有“案山”阻挡，而“案山”相对较低，这就形成了相对平缓的地带，既能排水，又不会发生洪水。有了水，动植物才能和谐生存，山脉之间才能有勃勃生机。正因为此，中国人常常将水作为财运的象征，比如一个人梦见河流、湖泊，便被认为是吉祥的象征。在中国传统建筑中有“水随人走”的基本原则，比如屋顶的雨水需要流到院子里，然后沿着人走的路线，排出院外，而不是直接从屋顶向外流去。实际上，“风因水止”也是这个道理。

所以，墓地并不是单纯寻找一个安静的场所，而是要寻找一个安全又有生机的场所。正因为此，最好的墓地都是选择在草木葱茏的山坳之间，附近有清澈的小溪流过，有一幅平和的景象蕴含其中。在这个基本原则之下，便能知道在中国文化中，一些地方不适合做墓地，比如孤零零的山、光秃秃的山、堆满石头的山、悬崖遍布的山、坡度过陡的山、容易崩塌的山等，只有同时符合安全、有生机两个原则，才适合做墓地。

中国人认为，好的“风水”能保佑子孙后代的平安，所以一些族谱中明确要求，坟墓选好后，如果有先人埋葬，便需要为去世的先人立下石碑，石碑上应该写清楚去世祖先的生卒年月、下葬日期，并且写清楚坟茔四至的界限，这样可以防止遗忘；对于较远的坟墓，也能防止坟茔被无故侵占的情况发生。

在坟茔背靠处，地势相对比较高的地方，有一块写有“后土”的石碑。“后土”并不是今天人们认为的“后边的土”，而是“管理土地的神”的意思。在简化字中，“后”这个字是由两个本来不同的字简化而成的，一个字是“後”，这个字表示“前后”的“后”，比如《后汉书》的“后”，写法便是这样；另一种写法是“后”，比如现在出土的最大的青铜器叫作“后母戊鼎”，这个字的写法在古代就是“后”。在先秦时期，“后”字的写法是由“人”和“口”组成的，表示“发号施令的君王”的意思。比如“皇后”的“后”不是表示“在黄帝的后边”，这里的“后”是表示“君王”的意思，这是因为在原始部落时期，女性往往是部落的首领，所以尊称当时的女性管理者为“后”。后来，皇帝的正妻也被尊称为“皇后”。所以，“后土”是管理坟茔土地的神，“后土”的石碑是为了保护坟茔。

有的族谱规定，后代应该在坟茔附近种植一些树木，所以有的坟茔附近甚至形成了一片小小的树林。树林代表着生机，作为景观，具有“风水”作用，也可以寄托哀思，实际上也是一种防止侵占的方法。毕竟对于有的小户人家来说，坟茔只是一个土堆，并不明显，而种下一些树木，坟墓的存在感就会更加明显。古代社会尚没有现代社会这样许多制作工具的材料，林木本身也是重要是社会资源，侵占他人林木是严重的犯罪行为。《大清律例》规定：

> 盗砍他人坟树，初犯杖一百、枷号一个月；
>
> 再犯杖一百、枷号三个月，计赃重于满杖者，照本律加窃盗罪一等；
>
> 犯案至三次者，即照窃盗三犯本例，即赃分别拟以充军、流、绞。

“杖”即“杖刑”，是用大竹板打犯人，根据犯罪轻重分次数多少；“枷号”，即一种方形木板，套在脖子上，木板上写有一个人犯的罪行，是一种对罪犯的羞辱，根据犯罪轻重，戴“枷号”的时间长短有别，一般老百姓执行“枷号”罪是在工作地，或者公共场合执行；“充军”是到军队中从事苦役，根据罪行大小，有时间长短；“流”是流放到边远地区，不允许回来；“绞”是死刑的一种。可见，偷砍坟墓上的树木是很大的罪。

在清代，子孙私自砍伐自己祖上的树木，甚至也属于犯罪行为，根据砍伐树木的多少进行惩罚，《大清律例》规定：

> 凡子孙将祖父坟茔前列成行树木，及坟旁散树高大株颗私自砍卖者，一株至五株，杖一百、枷号一个月；六株至十株，杖一百、枷号两个月；十一株至二十株，杖一百，徒三年；计赃重者，准窃加一等，从其重者论；二十一株以上者，发边远充军。

清代道光十三年（1833年），广东负责刑法的机构向本地政府汇报了一个案子：

> 咨送信丑子盗砍伊主坟至树木，其将槐杨树之枝梢砍去数十株，而现存树身，例无治罪明文，惟砍去坟前后高大树身九株，虽后自行烧用，实与盗卖无异，信丑子系看坟人，应照：子孙将祖茔前列成行树木私自砍卖六株至十株例，杖一百，枷号两个月。

这个案子说，信丑子这个人是一个看坟的人，他私自把坟墓上的树头砍掉了十棵，只剩了树身。像这种情况，法律中没有明文规定，而且信丑子也只是自己做柴火用，没有拿去卖钱，这种情况该怎么处理。上级的回答是，这种情况应该按照子孙私自砍伐祖先坟墓上的树木来治罪，属于6~10棵的范围，处杖刑100

下，在工作地戴枷号2个月。

3. 丧礼

人生大礼，莫过于婚礼和丧礼两种，一者是喜庆味道，一者是悲伤味道。中国文化一向厚重而严肃，缺乏戏谑的色彩。近代以后，受到西方影响，以喜庆欢乐为主的婚礼样式逐渐西化；而以悲伤、严肃为主的丧礼则更多维持了传统方式。直到今天，岭南地区的丧礼仍旧充满传统色彩。丧礼的仪式无处不是体现了“死者为大”的中华文化精神。

在以前，有谁家的老人到了六十岁，便过一次隆重的寿辰，宴请亲戚朋友，到祠堂拜祖先，然后便正式准备丧葬用品了。其中主要有两件事，第一件事是备办寿衣。传统寿衣并不是买一身衣服就行，而是会准备几身，多用素淡颜色。有些颜色不能使用，“绿”与“禄”同音，所以不能用绿色，否则会影响儿孙的官运；也不用蓝色，因为“蓝”的发音与衣衫褴褛的“褴”相同；此外，黄色为正色，寿衣也不能使用。

第二件事是备办棺材，棺材即盛放遗体的东西。在传统观念里，这是中国文化很有意味的一种做法，超过60岁的人很早便准备棺材，买回来后，便摆放在家里，定期刷漆，老人对此不仅不忌讳，而且经常以此开玩笑。按照读音，中国人认为“棺材”兼有了“官”和“财”两种读音，是一种吉祥的物品，实际上，这也是减缓死亡的沉重感的重要做法。

死者去世后，从去世的时刻到最后下葬，家中成员的一切行动言语，以及环境陈设，均有固定的规矩。中国人想象出了人死去之后的“阴间”世界，并以此为基础形成丧礼的过程。比如，在死者去世后，家人要取水来为死者沐浴，这一过程被称为“买水”，不管在什么地方取水，都要放一些纸钱在那里，以免欠下了“阴债”，使死者在阴间受苦。同时，家中供奉的所有神像都要用专用的纸张遮住，避免死者的阴魂打扰到各位在家中的神仙。此外，要请专门的道士在死者家中的所有门口都贴上镇邪用的“符字”，这是避免四周的野鬼前来打扰。

随后，人们把早就准备好的棺材搬到前厅，或者家中最中心的位置，将死者放入，称为“入殓”。“入殓”后，家人轮流再看死者最后一眼，随即由人用专门的大钉子将棺木的盖子钉死。

人们认为，死去的灵魂前往“阴间”的路上需要照明，所以要在棺材外点一口油灯，昼夜不熄，直到丧礼的最后。随即，发布讣告，讣告用白纸写成，也称为“白帖”。广东地区的讣告有固定的格式，举例如下：

寒门不幸，祸延荆室，*母*氏老大人，不幸痛于*年*月*日*时寿终内寝，溯生于*年吉月吉日吉时，享年*旬*岁，不孝*、*等随侍在侧，亲视含检，遵礼成服，惟柩在堂，泣择本月*日*时设灵家奠，扶柩还山，叨嘱谊届时光送，段存均感哀。此讣。

哀子*泣血稽颡

齐服孙*泣血稽颡

随后，人们便在家里或者祠堂里，或者祠堂外的广场上，布置起灵堂，死者生前的亲戚朋友会前来吊唁。吊唁的客人到来，死者的亲属后代一起下跪还礼，放声大哭。到了夜里，死者的直系后代要彻夜守在棺木旁边，称为“守灵”。

在出殡的这一天，村里帮忙的人共同抬起棺木，送到坟茔处下葬。送葬的队伍很长，最前边的是帮忙打着花圈的人，相隔一段距离，由死者的儿子或者孙子捧着灵位，或者打着招魂幡，一旁有人负责一路抛洒纸钱。随后是死者的棺木，男性后代走在棺木的前方，女性后代走在棺木的后边，最后则是死者的亲戚、朋友。每到一处岔路，死者的后代便面向棺木，跪地磕头，长哭不止，然后由人扶起来，继续前行。

来到坟墓后，棺木被放入此前已经挖好的墓穴中。哀乐响起，死者直系后代绕墓三周，每人轮流用铁锹向墓穴中铲土三次，随后匍匐跪在墓穴前方，由帮工的人将墓穴封土，烧掉花圈纸钱，从此死者与生者便阴阳两隔，一切无挂碍了。

死者的后代最后再向墓穴磕头，然后按照长幼顺序，排起队伍，返还家中。返还的路上，不再有人哭泣，只是，所有人行走无比缓慢，一步一挪，以显示不舍的哀思。

死者后代回到家中，并不意味着丧礼结束。在中国文化中，有“做七”的传统。死者去世后，每过七天，儿孙便要到坟前烧纸，以免死者的亡魂在去向阴间的路上没有足够的纸钱。不过，只有直系儿孙参加这些活动，其他亲属便不再参加了。在一共“七七四十九天”之后，丧礼才算全部结束。

中国人认为，“三年无改于父之道，可谓孝矣”。在死者去世后的三年内，家里一般不进行娱乐活动，有的地方甚至不能进行嫁娶活动。此外，家里在过年时贴对联，也不能贴红色对联，而只能贴黄色的对联。直到三年之后，一切才恢复正常，此后，每年清明、寒食等节日到坟前祭拜扫墓，以缅怀去世的先人。

人生在世，生老病死，死亡是每一个人都要面对的事情，是每一个家庭绵延过程中最重要的事情。人类无法避免死亡，所能做的便只是严肃而客观地对待死亡的存在。

第十二章 兼济一乡

1. 制定“乡约”

广东著名思想家湛若水的故乡是广州府增城县甘泉都，现在属于增城区新塘镇。新塘作为地名，顾名思义，是因为这里曾经有过一个新的池塘。据说，这可能与湛若水有关系，湛若水晚年曾经组织人力，在当时的河岸修建了一个新的堤坝，形成了一个池塘。后来，人们便在池塘周围开了一些商铺，慢慢形成了一个聚落，成为现在新塘镇的中心地带。

湛若水的一生要么在外做官，要么在外讲学，大部分时间都不在故乡，不过他十分关心故乡的建设。明代嘉靖二十三年（1544年），78岁的湛若水终于获准正式退休了，尽管退休后，他还是以这样大的年龄四处讲学，不过总的来说，他有了更多的时间来关心故乡的建设。

他不止关心故乡的基础设施建设，更关心故乡的精神文明和价值观的形成。在很多年前，他就一直认为，既然是生活在一处的人们，那么就应该有一些共同的价值观，这些价值观在一个家族内更容易推行一些，毕竟在传统社会，一个家族的生活、生产，都紧密联系在一起，家族有比较大的影响力。在家族之外，也应该通过一些共同的协商，来形成一些书面的约定，以提升本地的文明程度。

为此，湛若水亲自起草了一份《沙堤乡约》，因为他居住的村子称为沙堤村。这份乡约没有对一个地方社会治理的制度性问题做出规定，比如没有规定打架斗殴的处理办法，没有规定缴纳赋税的具体流程，没有规定土地买卖的注意事项，而是专门对“形而上”的文明习俗做了规定，主要包括“尚礼义、恤患难、立臧否、行保甲、躬巡省”这几个方面。

所谓“尚礼义”，是指在家庭内外都要有礼节，比如说多人集会，要按照年龄辈分高低落座，而不能按照财产和官位高低来。

所谓“恤患难”，是指对于同属一乡的人，“如一家之人，又如一人之身”“凡有疾病，必相问疗；有水火盗贼之灾，必相救援；有死丧，必相吊慰”。同时，如果本乡的人受到诬陷，同乡的人有义务为该人做担保，证明其清白，以避免不良官员欺压百姓。

所谓“立臧否”，是指凡本乡之人，犯了错误、做了好事，均要公之于众，然后记录下来，以此相互劝勉。湛若水认为，通过这样的方式，可以让更多的人向善远恶。

所谓“行保甲”，是指几家人共同组成一“甲”，几“甲”再组成一“保”，这样每户人家都纳入集体中，遇到事情，相互帮助；遇到有人作恶，则共同纠察。保甲之内，有问题相互协商解决。

所谓“躬巡省”，是指乡约组织的成员要亲自巡查村里，不是为了安全保卫，而是寻找发现为善、为孝、为悌和不善、不孝、不悌之人。

从《沙堤乡约》的内容可以看到，这些都是乡村治理过程中最难推进的事务。如果强制推进，会导致人人虚假应付，善恶行为流于表面，反过来还会导致社会风气变差；如果不靠强制推行，则没有人愿意真正配合，所以历来无人愿意主动推进这样的事务。

为了将乡约中的事务落到实处，湛若水将自己创办的独冈书院作为乡约组织的办公场地，同时联合了附近所有家族共同参与，每个家族都在乡约组织中有一定的位置。湛若水所在的湛姓是大姓，他自己担任主约，请另外一个大姓伍氏家族的伍克刚担任副主约，并且请了何、黄、温、熊等其他几个家族成员担任约正、约副、约宾等职务，这些人大都是本地年龄较大的人们，共同组成乡约组织的成员。

乡约组织开展的活动主要有两类：第一类是乡约仪式，于每年的二、五、八、十一月这四个月的十五日，在独冈书院举行。主要内容为：请所有乡约组织的成员，以及其他愿意参加的人共同到书院中来聚会，听一遍明太祖的“圣训六条”及讲解，“圣训六条”很短，原文为：“承天府百姓曰：各要为子的尽孝道，为父的教训子孙，长者抚那幼的，幼的敬那长的，勤生理，做好人，依我此言语。钦此！”听完后，再朗读一遍湛若水的《沙堤乡约》，并做一些讲解。此外，还会选择《尚书》《诗经》等儒家经典中的一段进行讲解。最后，将过去一个季度以来，本乡内的善行和恶行记录下来，编成册。第二类为巡查活动，在不举行乡约仪式的剩下八个月里，每个月定期组织乡约组织的全体成员到每处保甲内进行巡查，发现善行、恶行，进行表彰和批评。

总的来说，湛若水发起的乡约组织是一个松散的组织，他希望以此联络本地有威望的老年人，从自身做起，并且带动所在家庭、地方，提高本地的文明程度。尽管湛若水自己担负了每年四次乡约仪式的费用，但由于这些活动无法带来可看见、可评价的效益，所以在他去世之后，乡约活动没有很好地继承下去。湛若水的努力代表了中国传统读书人希望将文明从家庭内推向家庭外的尝试，是中华文化中先修其身，而后齐家、治国、平天下精神的体现。

2. 修桥建路

明代中期，南海县西樵山石头乡的霍氏家族，在霍韬的带领下积极地进行家族建设，也热心于为本地做出贡献。霍韬有一个儿子，名为霍与暇，也曾考中进士，在各地做官。明代嘉靖三十八年（1559年），霍韬已经去世多年，霍与暇未曾忘记其父亲的精神，这一年，他将石头乡与佛山的重要联络通道上的一座桥梁进行了翻修。这座桥就是现在佛山著名的通济桥，也是佛山历史上第一座大型桥梁。

当时，佛山是南海县的一部分。南海县石头乡的人们主要从事农业生产，佛山一带的工商业活动比较集中，两地之间有多条河流，其中佛山南侧的洛水河上有一座桥，年久失修，几乎成了危桥。为了方便本地人前往佛山进行商业活动，也为了便于霍氏家族与佛山之间商业往来，霍与暇便出资翻修了这座桥梁，为本地带来很大的便利。

随后几年，这座桥就像是“承包”给霍氏家族一样，不断由霍氏家族出面进行维护。当时，这座桥是一座木桥，无法维持很久的使用时间。大概十年后，隆庆二年（1568年），霍与暇的叔叔霍隆又一次以霍氏家族的名义对这座桥进行了第二次翻修。

在此之后，万历九年（1581年），这座桥又进行了一次翻修，以便通行。不过，由此之后的几十年里，这座桥再没有重修的记录了，变得越来越破旧。在万历年间，佛山人李待问对这座桥有很深的印象。小时候，李待问常随长辈去扫墓，从家里去往李氏家族的坟墓需要经过通济桥，不过这座桥在当时已经摇摇欲坠，那时候，李待问便把重修这座桥当成了一件人生理想。后来，李待问考中了进士，在朝中做官，终于有了足够的力量修建这座桥。天启五年（1625年），李待问对通济桥进行了重修，这一次，通济桥已经变成一半石头、一半木头的桥，更加坚固耐用了。

在那时，佛山李氏家族一直从事冶铁工作。李待问组织编写的《佛山李氏族谱》中说：“吾家广成公得铸冶之法于里水，由是世擅其业。与人信，较然不欺其心，所业止取给衣食，不为盈余。”后来，到了李氏家族的第八代李壮时，李氏的冶铁作坊规模扩大，他开始重视后代的教育，李壮的儿子李畅成为李氏家族中第一代开始读书参加科举考试的人，不过他并没有在科举考试上有所收获，什么也没有考上。后来，李氏家族开始有人考中秀才，直到李待问，李氏家族才终于有人第一次考中进士。后来，李待问到各地做官，最高曾担任了户部尚书，管理全国财政赋税工作。在他的主持之下，李氏家族建了祠堂、编写了族谱，成为佛山本地重要的家族。

修完桥后，李待问为这座桥起了“通济桥”这一名字。后来，人们为这座桥写了一副对联，刻在桥头的石柱上：“通七堡之游行，逸客寻春，任得渡头饮马；济万人之往来，曲桥跨水，艳称村尾垂虹。”通济桥成为当地的重要交通枢纽，进而成为当地的重要名胜。在佛山，至今还流传着“行通济，无闭翳”的谚语，意思是说在通济桥上走一走，人就没有忧愁和烦恼。

修完桥之后，李待问特地写了一篇《修通济桥纪略》，提道：“盖诸乡以佛山为大都会，桥其要津也。”李待问知道，交通建设是一地发展的基础，所以后来他又出资建设了从佛山到广州的大路。在当时，佛山只是南海县下边很普通的一处地方，并不是现在这样一个大都会，从佛山到省城广州只能走水路，这条路修通后，通济桥的重要性更加突出，佛山也进一步成为重要的交通枢纽了。

在整个明代后期，以李待问为代表的李氏家族对佛山地区的各项建设都起到了积极作用。在社会管理方面，他筹措成立了“嘉会堂”，负责管理地方社会事务；在军事方面，李待问还建立了一支地方武装“忠义营”，直到顺治初年清军到来后才撤销。崇祯十五年（1642年），李待问在佛山创建了文昌书院，这所书院虽然建在明代末年，却是明代佛山最早的书院。有了这所书院，无论家庭贫富，只要成绩优良，都能考进书院读书，而且在书院读书可以领取优渥的“膏火费”，每个人都可以衣食无忧地专心读书。由此，佛山本地的读书人有了安心读书的地方，不再需要远赴省城读书，佛山也渐渐成长为重要的文教中心，并成为广州西南方向的一个重要的都会之地。

在明清时期，各地修桥铺路这些活动经常由民间力量组织实施，这主要是由于当时政府的力量过小所致。清代没有正式的地方政府财政，而中央朝廷的财政收入主要以“人头税”为主，每年大概只有4000万两白银，这便是全国所有地方的财政加起来的总额了。对比一下今天，深圳一地的财政收入都能达到近万亿元。所以，清代的财政收入分配到了各地方政府，也只能担负为数不多的工作人员的人员费，而无力承担公共建设的费用，所以这类公共活动经常由民间力量组织完成。在这一过程中，家族力量是组织、推动各项工作的关键。

在近代西方文化制度进入中国以后，中国人普遍意识到中西文化的不同，一些族谱中甚至也对此有精准的认识。1935年，江门台山甘氏家族编写的《台山甘氏族谱》中说：“尝考欧美习俗，重在社会化，国家观念深，家族观念浅，故其国家社会组织使老有所终，壮有所用，幼有所长，鳏寡孤独废疾者，皆有所养，而为国家社会之责任。反观我国，则其责任在于家族，是故我国以孝悌设教，祭祀祖先，木本水源，情殷追远，昭穆一堂，团结后起，以竞生存，共滋繁荣。”在中国社会中，家连接着个人和国家，家族力量是社会稳定的重要支撑，这是中国文化最重要的特点之一。家族力量的存在，对于提高个体福利，提升社会文明，凝聚社会价值，有重要的作用。

3. 成立会馆

清代道光四年（1824年），当时广州府南海县有几个人在外为官，他们以随后担任过湖南巡抚吴荣光为牵头人，筹措了一万多两银子，买下了现在属于北京市西城区米市胡同43号的小院子，然后改造为南海会馆。

之后，经过南海县不同的人多次捐资，南海会馆又购买了附近的几处院落，将不同院落打通，形成了一个规模可观、环境优雅的院落群。这个会馆每三年便会迎来一批进京赶考的南海籍举人，平时则接待南海籍的其他人住宿。

几十年后的光绪八年（1882年），24岁的康有为来京参加科举考试，便住在南海会馆东北侧的小院里。在此之后，康有为几次到京城参加科举考试，每次都住在这处会馆里，但一直没有考中。光绪十四年（1888年），康有为在这里起草了第一次给朝廷的建议，不幸的是，这次还是没有考中。三年后的会试，康有为卷土重来，再次来到京城，住进这个小小的会馆里，并再次给朝廷写了一份建议，然而这次还是没有考中，写的建议也

北京南海会馆外的“康有为故居”碑

不了了之。光绪二十一年（1895年），康有为与梁启超以及各省来京参加会试的举人，在这里发起了“公车上书”运动，开启了近代中国社会政治变革的壮阔步伐。

在明清时期，各地读书人在考中举人之后，如果想要继续考中进士，都需要到京城参加会试。广东位于我国大陆的南部边陲，与京城距离遥远。那时候，各省的乡试在每年秋季举行，在京城的会试则在春节后举行。很多到京城参加考试的读书人跋山涉水，在前一年放榜之后便起身出发，历经几个月的舟车劳顿，才能赶到京城。

来到京城之后，一般的读书人普遍会面对很大的困难。比如说，大部分读书人都是第一次出这样的远门，初到北京往往便是寒冷的冬季，这是岭南地区从未有过的。因为路途遥远，大部分人很早就来到了京城，也就是说，他们至少要在京城待一两个月。这么长时间里，人生地不熟，因广东话与京城差异很大，语言不通，而且南北方饮食以及生活习俗的差异都很大，这对于岭南来的读书人来说都是很大的麻烦。此外，京城生活成本本来就很高，而并不是所有读书人都是家财富裕的人，很多穷人实际上无力支持在京城的生活开支。

在这种情况下，已经在京城或者各地立足稳定的广东人，便集体想办法，以地区为单位，在京城开设了一处处会馆，有的县甚至在京城设立了几个会馆。实际上，小一点的县里每次可能一共只有三四十个人到京城参加考试，有些县级的会馆规模也很小，比如有的可能只是一个四合院。

在筹备会馆的过程中，有人直接捐出了一处院子作为会馆，也有人在会馆筹办的过程中只捐出了几钱银子。比如，清代道光年间，龚自珍曾居住在今天北京西城区的上斜街50号，后来龚自珍考中进士，更换住所，便将此处宅院卖给了广东番禺县的富商潘仕成。潘仕成将这处宅院捐给了番禺同乡会，于是，这处宅院就变成了一处新的番禺会馆。这种当然只是个别情况。筹办和运营一处会馆，所需成本巨大，一地会馆的筹办大部分都得依赖本地很多人齐心协力才能完成。在清代，各地来到京城工作的人有几十万,一地的同乡会中并非所有人都是高官巨贾，也有很多人只是普通工作人员，这些人也一律尽己所能，为会馆的筹办尽出自己的绵薄之力。

部分明清时期的广东省在京会馆

序号	会馆名称	地址
1	潮州会馆	三处：菜市口胡同、延寿寺街、海柏胡同
2	东莞会馆	三处：上斜街、烂漫胡同、珠朝街
3	番禺会馆	新：前青厂胡同；旧：上斜街
4	高郡会馆	贾家胡同
5	高州会馆	潘家胡同、贾家胡同
6	广州会馆	草厂头条
7	惠州会馆	草厂七条
8	嘉应会馆	香炉营头条
9	焦岭邑馆	虎坊桥
10	雷阳会馆	裘家街
11	廉州会馆	粉房琉璃街

续表

序号	会馆名称	地址
12	南海会馆	米市胡同
13	南雄会馆	长巷四条
14	平镇会馆	冰窖斜街
15	七邑会馆	孙公园胡同
16	琼州会馆	大外廊营
17	三水会馆	保安寺街
18	韶州会馆	三处：上斜街、前门外大江胡同、草厂二条
19	顺德南馆	菜市口胡同
20	顺德西馆	永光寺西街
21	顺德新馆	天景胡同
22	顺德邑馆	海柏胡同
23	西潮郡会馆	打磨厂
24	仙城会馆	两处：王皮胡同、大栅栏西街
25	香山会馆	珠朝街
26	协中会馆	棉花头条
27	新会邑馆	粉房琉璃街
28	兴宁邑馆	潘家胡同
29	粤东会馆	两处：西打磨厂、南横中街
30	肇庆东馆	大栅栏西街
31	肇庆会馆	肇庆西馆铁树斜街
32	镇平会馆	大外廊营胡同

一般来说，一处会馆一旦正式成立后，凡属于该地在京城做官的人，均有礼俗上的义务向会馆定期捐资，这种义务就像是今天人们为亲戚、朋友结婚出“份子钱”一样。在道义上，因为所有做官的人在以前都曾经是读书人，他们都曾经在年轻时到京城参加会试，都曾享受过会馆提供的廉价食宿，所以，在他们做官之后，有了固定收入，便需要为会馆捐出一些钱，作为对本地未来读书人的支持。一地的读书人，就是靠着这样的办法，来前赴后继地延续着本地的文脉。

会馆提供很廉价的食宿，住宿价格之低，可以跟今天的大学生住宿费相比。一些会馆的住宿费用，一天只需要几十文钱，不足会馆外其他商业宾馆费的十分之一，比在外租房便宜很多。所以，一地的读书人来到京城之后，都是直接就来会馆，久而久之，这成了一种固定的制度，有的地方规定，举人到了京城，必须先到会馆报道。很多举人在这里一住就是一两年，因为有的人在考试落榜后不想回故乡，而继续留在京城复习，变成了古代的“京漂”。为了保证本地读书人不因贫困受到影响，一些会馆规定，只有没有官位的人才能在会馆住宿，一个人一旦考中进士，就必须搬出会馆，这样就保证了会馆内人员的流动性。

可以说，对于读书人来说，在会馆中的生活仍是与故乡的人打交道，仍是故乡的一分子，吃故乡的饭菜，生活成本低廉，会馆就是他们来到京城参加考试时的第二故乡。

换一个角度来说，遍布京城的大量广东会馆，也将遥远的广东文化带到了京城。一些会馆建筑本身就具有地方特色，一些会馆不只是提供食宿，也是广东人之间、广东人与其他地区的人开展交流的重要平台，一些会馆也会定期举行演戏、节庆活动，有了会馆，京城的其他人也更直接地接触到了广东的习俗、饮食，乃至娱乐方式。

实际上，广东会馆遍布全国各地，不只是京城有广东地区的会馆，在与广东相邻的广西、福建，以及其他重要都会城市，也都有广东地区的会馆存在。一些会馆不只是为读书人提供廉价的食宿，更主要的功能是为往来该地的商人提供商业信息、提供交流平台。

通过设置在全国各地的会馆，一批批广东人走出家门、走向全国，乃至全世界各地，参与着世界各地的经济社会建设，也将岭南文化带到了世界各地。

后记

几经犹豫，还是写一篇后记。

一本书就像是一个故事一样，不仅要有内容，有高潮，也总要有序幕，有尾声，这样才形成了结构，就连审稿的老师都认为这本书需要有一个跳出本书之外的序言，所以看来一定要写一个后记了。

在动笔写这本书之前，我已经想好了要写一篇长一点的后记，可是写完了之后一直犹豫再三，可能是因为书中的话都是依赖历史文献的记载才写出来，特别节制，没有想象的因素，没有夸张的成分，而后记无法再依赖历史文献，又难免太过个性化、理想化，容易写不好。

岭南地区是中国家族传统存留最好的地区，自近代以来一直为中外学者关注。只是，时至今日，在城市化浪潮中，岭南地区的传统家族制度、家族观念也都在慢慢烟消云散。不过，即使在城市化时代，每个中国人心中永远都会有一个“家”，无论这个人身处何方，无论是在他乡还是在异国，无论这个人拥有怎样的政治立场、价值观念，一个理想状态的“家”总是心灵的归宿、精神的寄托。本书的主要目的，就是以残存的历史文献为依托，帮助读者描绘出那个曾经真实存在过的、理想中的“家”，好让读者将心中对“家”的理想知道得更加具体一些。

在今天，家庭结构逐渐简单化，家庭功能逐渐消散，家作为一种存在物已经变得越来越虚无缥缈。在都市化环境下，家庭成员之间只有生活是一体的，工作则要离开家才能完成，是用来“养家”的，而每个人每天的存在又完全被工作填满，所谓的“生活”，其中具有家的属性的部分也逐渐消解，家正在变成一个空壳子了。

曾经的家并不是这样的，家不只是一种人与人的集合体，也不只是一种空间，不只是拥有一栋房子、房子中有一些人，而是有一个复杂的体系，所有人不只是生活在家里，而且工作也是在家里。也就是说，家庭成员生活在一起，干农活也在一起，家是一个完整的统一体。

如今，“张家的老三”“李家的老大”这种身份变得一去不复返了，与之相伴的传统也在慢慢消失，伴随一个人的身份只剩下某某公司、某某机构的某某。无从知道这到底是不是时代的进步，至少对于家来说，这是一种退化。

古希腊思想家亚里士多德说：“我们不免需要工作，以此来帮助自己不被奴役。”曾经的家，对每个人来说是工作，也是一切，家是奴役，家也是自由。对于人的生活来说，家是永远不会消散的自由之根；对于海内外中华儿女来说，家是链接中华文化传统的文化之根；对于中国文化来说，家是在都市化环境下仍残存于每个人心中的理想之根。

在历史上，绝大部分家庭都是国家发展脉络中的毛细血管。

记载家庭历史的族谱往往并不像国家历史那样丰富，大部分族谱中提到的大部分人在文献中都是只有一个名字，连基本的生平都没有。大部分家族都没有留下特别丰富的文献，在有限的文献依据之下，大部分家族都无法写出国家宏大历史中的那种扣人心弦的故事，但是在历史文献之外，每个家庭中的每个人，一生都有说不尽的故事，这些故事已经消散在了历史长河中，却化作了一种文化的传承，绵延在今天我们每个人的身上。

本书为“中央高校基本科研业务费专项资金资助”项目。

本书作者